D A N G D A I

Z H O N G G U O

J I A Z H I

J I A O Y U

Y A N J I U

当代中国价值教育研究

石中英 / 丛书主编

儿童的宽容体验
与宽容教育

孙瑞玉 / 著

Children's Experience of
Tolerance and Tolerance Education

▶ ▶ ▶

北京师范大学出版集团
BEIJING NORMAL UNIVERSITY PUBLISHING GROUP
北京师范大学出版社

序

　　2022 年 10 月，党的二十大胜利召开，习近平总书记在大会上作了《高举中国特色社会主义伟大旗帜 为全面建设社会主义现代化国家而团结奋斗》的报告。报告明确提出新时代新征程中国共产党的使命任务："从现在起，中国共产党的中心任务就是团结带领全国各族人民全面建成社会主义现代化强国、实现第二个百年奋斗目标，以中国式现代化全面推进中华民族伟大复兴。"①为团结带领全国各族人民更好地朝着第二个百年奋斗目标努力，习近平总书记特别指出，要在全社会广泛践行社会主义核心价值观，"社会主义核心价值观是凝聚人心、汇聚民力的强大力量"②，并就新时代如何广泛践行社会主义核心价值观作出具体指示：要弘扬以伟大建党精神为源头的中国共产党人精神谱系，用好红色资源，深入开展社会主义核心价值观宣传教育，深化爱国主义、集体主义和社会主义教育；突出

---

　　①　习近平：《高举中国特色社会主义伟大旗帜 为全面建设社会主义现代化国家而团结奋斗》，21 页，北京，人民出版社，2022。
　　②　习近平：《高举中国特色社会主义伟大旗帜 为全面建设社会主义现代化国家而团结奋斗》，44 页，北京，人民出版社，2022。

理想信念教育在社会主义核心价值观教育中的首要地位，推动理想信念教育常态化制度化，持续抓好"四史"（党史、新中国史、改革开放史、社会主义发展史）教育，引导广大人民包括青少年知史爱党、知史爱国，不断坚定中国特色社会主义的共同理想；要努力用社会主义核心价值观铸魂育人，构建大中小学一体化的思想政治教育工作体系；要坚持依法治国和以德治国相统一，将社会主义核心价值观纳入法治建设、融入社会发展、融入日常生活。这些重要论述，为党的二十大之后深化社会主义核心价值观教育乃至全部的价值观教育提供了思想遵循和实践指南。有了这些重要思想的指引，未来我国的社会主义核心价值观教育必将进一步深化、具体化和生活化，成为全体人民全面建设社会主义现代化强国的精神纽带，为亿万青少年成长为堪当民族复兴大任的时代新人指明价值方向。

价值观教育是立德树人和全面发展教育的重要组成部分，也可以说是一个核心的部分。德智体美劳"五育"都肩负着价值观教育的重任，价值观教育与健康人格的培育也有内在的关联。健康和高尚的人格其实就是正确、积极和高尚的价值观的内化和主体化。也正因为这样，古今中外的教育莫不重视价值观教育。就是那些宣称不赞成学校进行价值观灌输的学者们，其实也是在以一种"不教"（不直接灌输）的方式进行某种特定的价值观教育。从这个角度来说，不存在不进行任何价值观教育的学校，学校教育永远不可能在价值观的真空中进行。至于学校进行何种价值观教育，则完全取决于学校所处的时代和社会背景。在不同的时代、不同的社会背景中，人们接受着不同的价值观教育。学校的价值观教育，往往与社会上占主导地位的价值观具有高度的一致性。这是一个显而易见的社会事实。就我国而论，古代社会的价值观教育当然不同于近代和当代社会的价值观教育，社会制度不同，学校里开展的价值观教育的目的、内容、途径和方法当然也会不同。就西方而论，古希腊时期学校所重视的核心价值观、古罗马时期所重视的核心价值观，以及后来中世纪所重视的核心价值观、文艺复兴时期学校所重视的价值观和近代资产阶级革命时期学校所重视的价值观也都存在很大的不同。社会生产力与生产关系的基础变了，占主导地位的价值观自然会发生很大的变化，学校里所开展的价值观教育也会发生相应的变化。这体现了价值观和价值观教育的历史性、社会性。那种认为从古到今、从中到外，存在一种永恒不变的、普遍合理的价值观体系和价值观教育模式的观念，是不符合历史与社会事实的。

当然，在看到价值观和价值观教育的历史性与社会性的同时，并不意味着否认不同时期价值观和价值观教育的继承性，以及不同社会背景下价值观和价值观教育的共同性。在任何一个社会中，学校里所开展的价值观教育都有着源远流长的传统，虽然很多价值观的内涵和外延随着时代变迁发生了很大的变化。不同社会背景下学校里开展的价值观教育，也常常有许多共同的地方，虽然大家对同样一种价值观的理解和行为表现方式存在差异。在价值观教育实践中，处理好古与今、中与外、抽象与具体、变与不变等的关系，是教育者的一项基本任务。

我国的学校非常重视价值观教育，这也是一个不争的事实。只不过，在党的十八大之前，价值观教育并没有作为教育实践的一个相对独立部分被教育者、学习者认知，往往包裹在思想政治教育、道德教育、心理健康教育、智育、美育、体育、劳动教育等丰富多彩的教育实践活动中。思想政治教育中常常进行政治价值观、经济价值观和文化价值观的教育，如"爱党""爱国""爱人民""爱劳动""爱社会主义"以及"合法经营""文化宽容"等。道德教育当然主要是开展道德价值观的教育，这里面既包括一些政治价值观（"大德"），也包括一些社会价值观（"公德"），还包括一些个体价值观（"小德"或"私德"）。在心理健康教育中，也常常开展一些诸如"尊重""换位思考""自我悦纳""宽容"的价值观教育。至于智育、美育、体育、劳动教育，则更是包含着丰富的价值观教育内容。党的十八大之后，价值观教育作为教育的一个重要组成部分被提出来，有助于我们进一步增强对价值观教育重要性的认识，并且整合各育当中的价值观教育因素，形成学校整体的价值观教育行动框架。党的十八大、十九大、二十大对社会主义核心价值观教育的重要论述和政策部署，为推动我国大中小学的价值观教育提供了重要的思想指导和政策支撑。

人的价值观形成是有规律的，以此为基础，学校的价值观教育也是有规律的。违背人的价值观形成和学校价值观教育的规律，价值观教育的有效性就会大打折扣。如以前教育界常常批评的"小学讲共产主义，中学讲社会主义，大学讲人生观教育"的现象，究其实质而言，就是没有能够很好地反映一个人的政治价值观和人生价值观形成的规律，出现了某种价值观教育目标、内容、途径和方法的"倒置"现象，最终难以在青少年心中形成正确的、稳定的价值观体系，并影响到他们的健康成长。又如，在价值观教育中，培育学生的价值理性，帮助学生形成在多种价值观中进行比较、分析、判断和选择的能力至关重要。但是，以往的价值观教育往往不太注重价值理性的培育，导致学生不知道如何分析不同的价值观，在各种价值观面前缺少分辨力和判断力，容易受到不良价值观的影响。再如，对青少年学生的价值观教育，有直接和间接两种途径。直接途径就是开展价值观教学，围绕某些价值主题开展学习，这是思想政治课或道德与法治课的任务。间接途径则是通过整个学校的生活方式开展潜移默化的价值观教育。从这个角度来说，学校的文化、制度等都具有价值观教育的意义，提高学校校长和教师的价值领导能力就变得至关重要。在全党全社会都非常重视青少年价值观教育的今天，加强对人的价值观形成规律和价值观教育规律的研究，探索人的价值观形成和学校价值观教育（包括某些特定价值观教育）规律的研究，就变得极其重要。

正是基于上述政策背景和实践考虑，我们组织出版了"当代中国价值教育研究丛书"。这套丛书从主题上看，都是研究价值观教育问题的，其中有研究教育中的价值判断问题的，有研究价值理性及其培育的，有研究共同价值培育的，有研究价值品质的，有研究儿童宽容价值体验的，有研究儿童正义感及其培育的，有研究学校决策中的价值准则与价值追求的，还有研究教师的价值教育意识的。这些主题都非常前沿，在理论上有较好的创新性，整体而言是对新时代我国价值观教育理论研究的贡献。在这套丛书中，我自己承担了《价值教育哲学导论》一书的撰写，该书试图系统地讨论价值（观）教育的哲学基础问题，建构价值教育哲学的基本框架，并对当前我国价值教育实践中的一些基本问题和重大问题开展哲学分析。我衷心地希望该丛书的出版能够为新时代我国大中小学的价值观教育，特别是社会主义核心价值观教育的开展提供一些可资借鉴的理论资源，能够激发更多的学者特别是青年教育学者参加到价值观教育的理论、政策和实践研究中来。丛书在充分借鉴国外价值观教育理论成果的同时，着力构建中国本土的价值观教育理论体系，更好地服务新时代社会主义核心价值观教育，以期培养和造就德智体美劳全面发展的社会主义建设者和接班人。

　　丛书的出版得到了北京师范大学出版社教师教育分社社长郭兴举编审和鲍红玉编辑的大力支持。在此我代表丛书作者对两位老师的策划和辛勤付出表示衷心的感谢。由于水平有限，丛书中难免存在不足，敬请各位读者批评指正！

2022 年 11 月 24 日

前　言

　　《儿童的宽容体验与宽容教育》是在现象学教育学视角下对儿童宽容体验进行描述，呈现其具有普遍意义的特征，探究其发生机制，分析不同类型宽容体验的发生秩序，进而思考儿童宽容体验蕴含的教育学启示的一本书。本书绪论部分从儿童与成人体验的差异入手，阐明关注儿童宽容体验的意义，并就如何从现象学教育学视角探究儿童宽容体验进行方法论说明。第一章"儿童宽容的原初形态"描摹、分析儿童存在论意义上的宽容体验，进而探究宽容原初形态的一般模式、特征。第二章"儿童不宽容的流露"呈现儿童自我意识觉醒时，开始对破坏其身体图式完整性的行为进行拒绝，由此表现出不宽容，进而分析儿童早期不宽容的普遍性和积极意义。第三章"原谅、容忍和宽容"针对儿童对宽容理解存在的偏差，通过词源分析和日常情境分析厘清原谅、容忍和宽容的异同，并就如何引导儿童准确理解宽容概念提出建议。第四章"情不自禁的宽容"描述由爱和同情这两种原初的价值意识所引发的儿童的宽容体验，进而探究这种宽容体验的发生机制及教育导向。第五章"瞻前顾后的宽容"描述儿童基于个人利益权衡的宽容体验，分析这种宽容体验的发生机制，理性思考其对儿童价值成长的意义。第六章"信念使然的宽容"描述由自由和平等这两项植根于人的本性之中的价值信念引发的儿童的宽容体验，进而探究这种宽容体验的发生机制，提出教育建议。第一章所讨论的宽容的原初形态是存在论意义上的宽容。第四、第五、第六章属于伦理学意义上的宽容。第七章"儿童宽容体验的不同形式及发生秩序"从整体上阐述了儿童这些不同形式的宽容体验虽然没有呈现出某种与年龄直接相关的发展秩序，但在"自我"和"他者"关系维度上存在高低秩序和奠基顺序。基于此讨论教育者需依据儿童宽容体验的发生机制和秩序采用合理的方式真正有效地促进儿童宽容品质的养成。第八章"基于舍勒价值伦理学反思当前宽容教育"以舍勒价值伦理学为理论依据，反思当前宽容教育存在的问题并思考完善宽容教育的可能途径。

本书作者

2022 年 12 月

目　录

倾听儿童的价值体验

"所有的成年人本来都是儿童，可惜很少有成年人还记得这一点。"①每个成年人都从儿童走来，都曾经历过童年的时光，但是奇怪的是当我们成为父母、成为老师，当我们面对孩子的时候，往往忘记了自己曾经有过的童年体验。我们常以成年人的眼光来看待孩子的言行，以成年人的标准来判定孩子的是非对错，以我们所认为的对孩子好的方式教育孩子，仿佛我们已经洞悉了儿童生活的全部奥秘，并因此在孩子成长方面拥有不容置疑的权威。但孩子黯然的眼神，簌簌落下的泪滴，也不时地向我们发问："你真的懂得我吗？"当繁忙躁动的白天退去，当柔和静谧的夜幕降临，成年人也许会心虚地拷问自己："我真的懂我的孩子吗？孩子纯真的眼睛里看到的世界和我所看到的是一样的吗？孩子幼小心灵的体验和我的体验是相同的吗？"

---

① ［法］安东尼·德·圣埃克苏佩里：《小王子》，柳鸣九译，5页，南京，译林出版社，2011。

一、儿童有着与成人不同的体验

暮春午后，我从办公室回家路过学校广场，恰巧遇到同事和她三岁多的儿子。时间还早，我就停下来陪小朋友玩一会儿。我们玩"一网不捞鱼"的游戏，我和同事当"渔网"，她儿子是"小鱼"。"一网不捞鱼，二网不捞鱼……"我和同事念着儿歌，小朋友玩得特别高兴。玩了几个回合之后，我们一边说"五网捞一条大尾巴鱼"，一边把小男孩儿捞住了，前一秒他还咯咯笑得很开心，后一秒突然就哭了，而且哭得非常伤心。我和同事一脸茫然，尤其是我，根本弄不清楚发生了什么，手足无措。同事比我冷静，她慢慢把孩子搂过来说："哭一会儿吧，哭完了，告诉妈妈怎么回事。"这个时候小男孩儿一边哭一边抹眼泪还想要说些什么，但是他哭得太伤心了，根本说不出话。同事继续安抚他："不着急说，等哭完了再跟妈妈说。"小男孩儿渐渐平静下来，带着哭的余腔告诉妈妈今天老师发给他的小贴纸忘带回来了。

还记得上小学的时候写作文，写到六月的天气，有这么一句话"六月的天，小孩儿的脸，说变就变"。小孩儿的情绪变化通常会比成年人快，从开心欢笑到悲伤哭泣的变化如此之快。跟孩子朝夕相处的父母和幼儿园的老师也许已经对这种现象习以为常，但这却值得思索：孩子的情绪变化为什么会如此之快呢？每一个满怀爱意拥抱过孩子的成年人都会感觉到孩子的弱小，尤其当你拥抱的是学龄前的孩子时。在你的怀中，孩子小小的身躯总是会激发起成年人关爱和保护的欲望。其实与孩子小小的身躯一同存在的是孩子小小的心灵，它是如此的小，以至于很容易被一点点的喜悦和悲伤完全占据、填满。当心中充满喜悦的时候，孩子就开怀大笑，但一旦想起悲伤的事情，又瞬间伤心痛哭。很多时候，这些让孩子时而手舞足蹈、时而痛哭流涕的喜悦和悲伤在成年人看来往往是微不足道的。就像上文中的小男孩儿，和妈妈、自己喜欢的阿姨一起玩一个很简单的游戏，他的小心灵就被喜悦填满。而突然想起老师发的小贴纸没有带回来，又马上表现出不可抑制的悲伤。玩游戏和小贴纸对成年人、对孩子有着非同寻常的意义。对我来说，我喜欢这个小男孩儿，愿意花一些时间陪他玩、逗他开心，这只是我下班路上碰巧做的事情。作为一个教育学领域的研究者我当然知道小贴纸是幼儿园老师用来鼓励和管理孩子的重要道具，而且这种道具运用往往利弊共存。但是对小男孩儿来说，做游戏就是他主要的存在状态，能和自己喜欢的人一起做游戏，这是一件特别令人高兴的事情。小贴纸意味着老师对他的肯定和喜欢，得到小贴纸并带回家给爸爸妈妈看这是头等大事。而他居然忘了，简直没有比这更糟糕、更让人沮丧的事情了。这之间所存在的差异不单纯是因为成年人比儿童年长，比儿童的阅历丰富，确切地说，是因为成年人与儿童在世存在中有着不同的体验。

　　"体验"是我们经常用到的一个词汇，通常指亲身进入某一情境所产生的感知和认识。例如，在儿童教育领域出现的"儿童职业体验馆"，各种新的产品和服务项目在推广阶段邀请目标用户免费体验，还有作家、影视工作者在进行艺术创作时体验生活等。中国汉字源远流长，虽然历经变迁，很多字词的含义也在发生着变化，但汉字在产生之初所蕴含的意义往往最能体现它最本质的含义。许慎的《说文解字》对"体"的解释如下："體，緫十二屬也。从骨，豊聲。"现代汉语的意思是："体，总括人身十二(所有)部分。字形采用'骨'作偏旁，采用'豊'作声旁。""骨"是骨骼结构，"豊"是古代祭祀用的一种形状像豆子的用来装祭品的容器。我们可以把"体"理解为由人的骨骼结构所支撑的承载着人的所有器官的整体。许慎的《说文解字》对"验"的解释如下："驗，馬名。从馬，僉聲。"清代段玉裁在《说文解字注》中说："馬名。今用爲譣字。證也，徵也，效也。不知其何自始。驗行而譣廢矣。"也就是说，在许慎作《说文解字》的时代，"验"指的是一种马，后来逐渐演变成"证""征"和"效"的意思，表示证明、征求、校验。"体验"在中国传统文献中作为一个词出现，往往有两个词性、三个意思。作为动词的第一层意思是"亲身经历"。作为动词的第二层意思是"体察；考察"。作为名词的体验指"在实践中认识事物"。① "体验"的这两个词性、三个意思沿用至今，综合来说，就是亲身经历、亲自考察，以及由此获得经验。它所表明的是亲身之验。

　　除了词源学对"体验"的解释，现象学哲学对"体验"的理解

---

① 《汉典》，http://www.zdic.net/hans/体验，2022-05-06。

也是我开展儿童价值体验研究的重要理论触发点和依据。在现象学的创始人胡塞尔（E. Edmund Husserl）那里，"体验"拥有和"意识""现象"同等重要的地位。在胡塞尔思想进程的发展中，我们可以看到他不同时期对体验的不同理解。在《逻辑研究》中，胡塞尔认为，"感知、想象意识和图像意识、概念思维的行为、猜测与怀疑、快乐与痛苦、希望与忧虑、愿望与要求，如此等等，只要它们在我们的意识中发生，便就是'体验'或'意识内容'"。这个时期的体验概念还是比较笼统的，而且胡塞尔似乎将"体验"和"意识内容"看作等同的。① 在《纯粹现象学通论》时期，胡塞尔开始凸显体验的核心地位，"对于现象学来说，它被看作用现象学态度观察的先验纯粹体验的描述性本质学科；而且像任何其他不起基础结构作用并且不按观念化方式进行的描述性学科一样，它具有其内在的合法性"②。现象学作为用现象学态度观察的先验纯粹体验的描述性本质学科，体验自然也就成为一个非常重要的核心概念。"我们把最广义的体验理解为可在体验流中发现的任何东西；因此不仅是意向体验，即在其充分具体性中进行的实显的和潜在的思维行为，而且也是在这一体验流和其诸具体部分中的真实内在因素中可能出现的任何东西。"③这段话澄清了广义体验的概念，同时也带

---

① 倪梁康：《胡塞尔现象学概念通释（修订版）》，145 页，北京，生活·读书·新知三联书店，1999。

② ［德］胡塞尔：《纯粹现象学通论：纯粹现象学和现象学哲学的观念（第一卷）》，李幼蒸译，181 页，北京，商务印书馆，1992。

③ 同上书，106 页。

给我们两个问题：一是什么是体验流？二是和广义的体验相对是不是还有狭义的体验？当然胡塞尔也分别给出了回答。"一个觉醒的自我的体验流的本质正在于：连续不断向前的思维连锁连续地为一种非实显性的媒介所环绕，这种非实显性总是倾向于变为实显样式，正如反过来，实显性永远倾向于变为非实显性一样。"[①]和广义体验相对的狭义体验就是胡塞尔所提到的"意向体验"，他认为："意向性是一般体验领域的一个本质特性，因为一切体验在某种方式上均参与它，尽管我们不能在同一意义上说，每一体验具有意向性。"[②]也就是说，并非所有的体验都具有意向性，但是任何体验，如果不是具有意向性，则是以某种方式和意向性相关。除了意向性之外，体验还具有两个本质特性：一是体验在反思方式中在本质上是可被知觉的，二是时间性。对于前者，胡塞尔指出："'一切体验都是被意识的'，因此这特别意味着与意向体验有关的东西，这些体验不只是对某物的意识，而且不只是当它们本身是一个反思意识的客体时作为呈现者，而且同样也是未被反思地已经作为'背景'存在着。"[③]也就是说，体验的被反思性表现为两种形式，或者作为反思意识的直接客体"被知觉"，或者作为反思意识的背景"有待知觉"。对于后者时间性，其实是和体验流的概念密切相关的。"时间性一词所表示的一般体验的这个本质特性，不仅

---

① ［德］胡塞尔：《纯粹现象学通论：纯粹现象学和现象学哲学的观念（第一卷）》，李幼蒸译，105 页，北京，商务印书馆，1992。

② 同上书，210 页。

③ 同上书，125 页。

指普遍属于每一单一体验的东西，而且也是把体验与体验结合在一起的一种必然形式。每一个现实的体验（我们根据一种体验现实的明晰直观进行这一明证）都必然是一种持续的体验；而且它随此绵延存于一种无限的绵延连续体中———一种被充实的连续体中。它必然有一个全面的、被无限充实的时间边缘域。同时这就是说，它属于一个无限的'体验流'。"①海德格尔（Martin Heidegger）对体验的理解受到胡塞尔的影响。他曾在1919年"哲学观念与世界观问题"的讲座中提出现象学的基本态度唯有作为生命本身的生活态度方能达到。他把现象学的基本态度引向生命本身及其意向体验，认为对生命体验的同感才是原始意象，由此走上了自己独特的现象学道路。② 海德格尔试图纠正胡塞尔现象学的唯智主义取向，追求对前理论的生命体验进行描述。他认为："在直接经验中并没有区分主体和客体，只有在一种理论把握中，才产生这种区分。在直接经验中，人们看到自己并没有与现象相对而立，甚至经验者在体验中并没有感到自己是自我本身：在直观观看之际我并没有发现一个诸如我之类的东西，而只有一种关于某物的体验，一种向着某物的经历。"③伽达默尔（Hans-Georg Gadamer）认为："每一个体验都是由生活的延续性中产生，并且同时与其自身生命

---

　　① ［德］胡塞尔：《纯粹现象学通论：纯粹现象学和现象学哲学的观念（第一卷）》，李幼蒸译，204～205 页，北京，商务印书馆，1992。

　　② 孙周兴：《我们如何得体地描述生活世界——早期海德格尔与意向性问题》，载《学术月刊》，2006(6)。

　　③ ［德］海德格尔：《论哲学之规定》，转引自孙周兴：《我们如何得体地描述生活世界——早期海德格尔与意向性问题》，载《学术月刊》，2006(6)。

的整体相连。这不仅指体验只有在它尚未完全进入自己生命意识的内在联系时，它作为体验仍是生动活泼的，而且也指体验如何通过它在生命意识整体中消溶而'被扬弃'的方式，根本地超越每一种人们自以为有的意义。由于体验本身是存在于生命整体里，因此生命整体目前也存在于体验之中。"①

我们可以从儿童和成人有着不同的身体这个角度来理解儿童和成人为什么往往对同一件事情有着不同的体验。说到身体，可能会存在这样的疑问，每个健全的人不都是由 206 块骨骼、639 块肌肉以及消化系统、呼吸系统、神经系统等七大器官系统所构成的吗？儿童和成人身体的不同仅仅指的是身体成熟度的不同吗？这些问题都是在生理学层面上提出的。生理学意义上的身体确实大同小异，而这里我们要探讨的对身体、对身体之体验的理解将会从哲学层面展开，只有在哲学层面上我们才能更深入地了解儿童的体验和成人体验存在差异的根本原因。

在西方哲学的发展历程中，从柏拉图开始区分人的灵魂和肉体，哲学对人的理解就走上身心二元对立的道路。在这种对立中，身体总是被贬抑的一维。"在现代哲学的演化中，'身体'观念的本体论和认识论地位的升高，是重要的哲学事件……如果说，在当今的哲学思考中还有什么值得认真对待的

---

① ［德］汉斯-格奥尔格·伽达默尔：《真理与方法 哲学诠释学的基本特征》，洪汉鼎译，89 页，上海，上海译文出版社，1999。

问题的话，身体优先论就是其一。"①"身体"哲学地位的提升主要表现在现象学的发展之中，虽然不同的现象学家对"身体"的理解不尽相同，但"身体"都成为他们解决传统哲学中主客对立、身心对立的重要理论基点。

很多人会认为在现象学的创始者胡塞尔的哲学探求中，纯粹意识是核心，胡塞尔曾说为了到达纯粹意识领域，在现象学还原中身体需要被加上括号悬置。② 但实际上，早在 1907 年的演讲中，胡塞尔就区分了身体(Leib)和躯体(Körper)。③ 他明确指出要悬置的是作为自然态度中的生理实体的躯体，而不是身体。④ 胡塞尔对身体的理解概括起来可以表达为身体既是主体同时又是客体。具有主客二重性的身体总是处在中心的位置，是每个人获得所有知觉的手段。而且这样的身体具有主体间性，即我的身体被他人知觉为身体而不是躯体，他人的身体被我知觉为身体而不是躯体。正是以身体的主体间性为基础，每个人都可以意识到我和他人都在经验着同一个世界。⑤ 舍勒(Max Scheler)在 1913 年的论文《自我认识的偶像》中指出："同一身体在外在感知中是作为躯身(Körperleib)被给予的，而在

① 刘小枫：《个体信仰与文化理论》，186 页，成都，四川人民出版社，1997。

② ［德］胡塞尔：《纯粹现象学通论：纯粹现象学和现象学哲学的观念(第一卷)》，李幼蒸译，49~56 页，北京，中国人民大学出版社，2014。

③ 陈立胜：《自我与世界——以问题为中心的现象学运动研究》，236 页，广州，广东人民出版社，1999。

④ ［德］胡塞尔：《现象学的构成研究——纯粹现象学和现象学哲学的观念(第二卷)》，李幼蒸译，119~122 页，北京，中国人民大学出版社，2013。

⑤ 转引自徐献军：《具身认知论——现象学在认知科学研究范式转型中的作用》，101~108 页，杭州，浙江大学出版社，2009。

内在感知中是作为身体心灵（Leibseele）出现的，但从总体上看，它们是属于同一个整体的。"①在舍勒的身体理论中，身体和精神是一体的，但他强调身体归属于精神位格，为精神位格所支配。"我""聚于""专一于"精神的位格，并仅仅是"拥有""具有""支配"身体。② 萨特（Jean-Paul Sartre）的身体理论具有独特性，"对他来说，身体最重要的作用就是它在社会接触中所起的连结作用"③。萨特明确指出"身体表现了我对世界的介入个体化"，"只有在一个世界中才可能有一个身体"，"除非从指示他人的身体的整个处境出发，我绝不可能把握他人的身体"。④ 也就是说萨特认为身体是融聚了世界与历史在内的结点，兼有个体性和社会性。梅洛-庞蒂（Maurice Merleau-Ponty）致力于在现象学的路径中解决身心对立的问题，他的现象学也被称为身体现象学。"梅洛-庞蒂在《行为的结构》中不止一次地强调，身体是'活的（vivant）'……'活的'这种表述却涉及正在说话的人自身的体验"，"身体不仅仅是那个摆在对面被我们研究的对象，也是我们此刻正在'是'的东西，我们从来都不曾摆脱身体，而拥有跳脱的观点，我们始终就是身体本身，以

①　徐献军：《具身认知论——现象学在认知科学研究范式转型中的作用》，108 页，杭州，浙江大学出版社，2009。

②　刘小枫：《个体信仰与文化理论》，190 页，成都，四川人民出版社，1997。

③　[美]施皮格伯格：《现象学运动》，王炳文、张金言译，721 页，北京，商务印书馆，1995。

④　[法]萨特：《存在与虚无》，陈宣良译，405、424、449 页，北京，生活·读书·新知三联书店，1987。

身体的方式和身体的观点存在着、谈论着"。① 在梅洛-庞蒂看来，身体是人在世界中最原初的存在方式，前反思的体验就是人在世界中最原初的存在状态，而且身体作为最原初的存在是可以通过言语表达的。

在现象学的视域中，身体不是机械生理学、传统心理学意义上的生物器官的组合，身体至少包含以下五层含义：①身体是人在世界中存在的绝对零点。如果没有身体，根本没有办法设想人如何存在于世界中。作为绝对零点的身体是躯体和精神的同一。②身体存在于世界中不是仅仅占有一个空间位置，每一具身体都是一个持续融汇历史、文化的社会结点，是历史性和社会性的能动存在状态。③身体作为身体图式整体存在。身体总是有一种整体的我要去做什么、要求实现什么的意向，这种意向不是单独属于身体的某个部分，而是属于整体的身体。而且身体图式不受躯体边界的限制而具有延伸性，熟练的驾驶员不是通过理性来计算车体能否通过某个空间的，而是直接产生"我"是否能够通过的直接判断，此时车就被纳入驾驶员的身体图式。④身体具有主体间性。即我的身体被他人知觉为身体而不是躯体，他人的身体被我知觉为身体而不是躯体。正是以身体的主体间性为基础，每个人都可以意识到我和他人都在经验着同一个世界。⑤前反思的体验是身体在世界中最原初的存

①　转引自宁晓萌：《表达与存在：梅洛-庞蒂现象学研究》，66～67页，北京，北京大学出版社，2013。

在状态，在前反思的体验中身体是主客、心物尚未分立的整体，身体的前反思的体验是可以通过言语被表达的。

据此，我们可以看出成人的身体与儿童的身体最大的差异在于两点，正是这些差异导致了成人体验与儿童体验的不同。①成人的身体与儿童身体具有不同的绝对零点，由此决定二者具有不同的朝向，产生不同的体验。这一点在我们观看 2～4 岁儿童所画的人物画像的时候有明显的表现。这个年龄段的儿童所画的人物可以被称为"太阳人"，之所以有这样的名字是因为大多数儿童都会画一张大大的人脸，就像太阳的形状一样，然后在这张大大的脸上直接长出短小的胳膊和腿脚。这与成人所画的是非常不同的。由于儿童的身体在世界中的位置，使得他所能把握的对人的知觉首先是对人的脸的知觉，所以在他们的画中，人的脸和胳膊腿脚就有了不成比例的存在，甚至于没有身子，胳膊腿脚就直接从脸上长出。②成人的身体和儿童的身体虽然都是历史性和社会性的能动存在状态，但二者的程度是不同的。简单来说，成人是拥有了基本历史文化水平的社会性存在，而这些正是儿童需要通过接受教育而不断获得的。这也造成了成人和儿童面对同一事情的时候会产生不同的体验。就如范梅南（Max Van Manen）在《教学基调》（*The Tone of Teaching*）开篇所举的例子，两个男孩放学后往学校大门的锁眼里塞小木条，第二天其中一个男孩被叫到校长办公室，但他拒绝说出另一个男孩的名字。虽然校长告诉男孩破坏公共财产是不对的，而且谁也不能逃脱惩罚，但是男孩对校长说的却无动于衷，因为他在坚持自己认定的原则，那就是"不能出卖朋友"。① 对同一件事情，校长和小男孩儿有不同的体验，校长站在维护公共财产的角度，而男孩根本没有公共财产的概念，他所能理解的只有不能出卖自己的好朋友。其中的不同主要是由二者不同的历史文化水平所造成的。胡塞尔曾在 1931 年"圣诞手稿"中论及儿童世界与成人世界的区别。他把二者的不同归结为视域的不同，而这种视域的不同正是由于我们所说的以上两点造成的。"他把总体视域形成前的世界归于儿童，把此后的世界归于成人"，认为儿童"与我们拥有同一个世界，他所意识到的世界并不是另一个，而是与我们同样的世界，但是他对这一世界的意识和理解，他对它的认识是不完善的"，"儿童正在长入(hineinwachsen)成人的世界，以便将来一同塑造世界的意义"。② 而作为教育者，我们要做的首先是必须承认儿童体验和成人体验不同，进而探究儿童的体验究竟是怎么样的，以此为基础，寻求儿童更容易接受的方式，帮助儿童更好地进入成人的世界。

二、为什么关注儿童的价值体验

和平常一样，妈妈跟约翰说了声"晚安"便准备关灯走出儿子的房间，这时约翰突然要求妈妈不要关灯。妈妈告诉他不关灯会影响睡眠，还会浪费资源，但是不论妈妈怎么劝说，约翰

---

① Max Van Manen, *The Tone of Teaching*, Ontario, The Althouse Press, 2002, p. 1.

② 方向红：《"发生"与"历史"的初步分离——胡塞尔 1931 年"圣诞手稿"解读》，载《安徽大学学报(哲学社会科学版)》，2009，33(3)。

就是不许妈妈关灯。妈妈没有办法，只好由着他。走出儿子的房间，妈妈跟爸爸抱怨："儿子越来越任性了，今天还不让关灯，好说歹说都听不进去，这孩子，怎么越大越不懂事呢?"在开着灯的房间里，约翰感到很放心，因为他知道窗户外面那个怪物最怕光亮，因此只要他开着灯，怪物就不敢进来，就不能伤害他和他的爸爸妈妈。他是勇敢的男子汉，要保护爸爸妈妈，所以他要一个人面对可怕的事情，而不能告诉爸爸妈妈，因为他们会被吓坏的。

类似于这样的事情我相信很多父母和教育者都遇到过，就是儿童突然在某一天没有理由地拒绝一个合理的要求。"不关灯"在妈妈看来是儿子任性不懂事的表现，但是在约翰那里却是勇敢智慧地保护家人的壮举，饱含着对爸爸妈妈的爱。同样一件事情，成年人和儿童对它却有如此不同的价值体验。如果我们仅仅从成年人的立场出发，我们会认为已经告诉了孩子不关灯睡觉的坏处但孩子还是不听，这是他不懂事的表现。我们会认为孩子说不出不让关灯的原因但就是不让关，这是他任性的表现。即使孩子告诉我们窗外有怪物，我们也不会相信，会告诉他窗外只是那棵一直都在的大树。如果我们不躺在孩子的床上，不从孩子的视角去看，我们就不会发现那棵树映在窗帘上的影子多么像张牙舞爪的怪物，我们就不会发现这个怪物还在一天一天地变大。如果我们不理解孩子坚持开着灯是为了吓跑那个怪物，那我们就体会不到孩子默默地保护家人的勇气和智慧，更不会感受到这种勇气和智慧背后所隐藏的对爸爸妈妈的爱。

　　好的父母、教师对孩子总是充满了爱，但是不知为什么，当我们面对孩子的时候，这种爱就会莫名其妙地转换成按照我们认为对孩子好的方式教育孩子，这种转换非常容易让我们忽略很重要的一点，那就是理解孩子。也许是因为成年人没有意识到理解孩子内心体验的重要性，也许是因为要真正理解孩子的内心体验确实不是一件简单的事情。范梅南曾说过："不论是年龄小的孩子，还是大些的孩子，其内心世界都常常是很难理解的，但却是出于截然不同的原因。很小的孩子仍然非常坦率，对父母或者教师来说主要的挑战常常是去'揣摩'孩子的内心世界，因为其语言能力有限，无法表达他或她所经历的一切。而大一点的孩子虽然语言表达的能力加强了，却常常开始变得对内心的自我暗暗地保护，不愿让成人闯入或让成人看到。"[①]对同一件事情，儿童和成人往往有着不同的价值体验，如果成年人不仔细揣摩儿童的体验，而只是自以为是地对儿童进行价值引导，往往难以取得令人满意的效果。就像上文中妈妈告诉约翰开灯睡觉是浪费资源，引导约翰要节约资源，要关灯。这和约翰内心的价值欲求和价值期许相隔太远，并不能触动他的内心，因此他没有听从妈妈的教导。所以，不论是家长还是教师，当然还包括所有关爱儿童的成年人，要想使我们对

---

　　① Max Van Manen and Bas Levering, *Childhood's Secrets: Intimacy, Privacy, and the Self Reconsidered*, New York, Teachers College Press, 1996, p. 4.

孩子的价值教育更合适，更有效，那就要关注儿童的价值体验，理解儿童的价值体验。因为儿童的价值体验可以为我们思考如何进行价值教育提供依据。只有亲近儿童的价值体验现状的、能引发儿童新的直观体验的价值教育才能真正触动儿童的心灵，更好地帮助儿童实现真正的价值成长。

那价值是什么呢？西方哲学对价值的理解可以分为经验主义和先验主义两大路向。经验主义的价值理解包括以迈农（Alexius Meinong）、培里（Ralph Barton Perry）为代表的心理主义取向，以杜威（John Dewey）为代表的实用主义取向，以及以卡尔纳普（Rudolf Carnap）、罗素（Bertrand Russell）为代表的逻辑经验主义和语言分析取向。经验主义的价值理解共有的问题是将价值限定在经验上导致价值无法达到普遍，很容易陷入相对主义、怀疑主义的泥沼。先验主义的价值理解又可分为先验形式的和先验质料的。康德认为价值是理性人对绝对道德原则的执行，价值和经验、情感、欲望无关，是一种纯理性的先验形式。胡塞尔和舍勒认为价值是一个复合的概念，它既是评价行为或意向感受活动的意向对象，又是内在于这些行为或活动中的质性，作为先验质料的价值既是普遍的又是具体可感的。先验质料的价值界定意味着价值是可教可学的普遍存在，这对价值教育具有启发意义。我国哲学领域对价值的理解主要基于马克思的价值学说，很多学者都以"有用性""客体对主体需要的满足性"来界定价值。这样的界定在很大程度上不适应于教育领域，因为在教育领域中最重要的不是主客体关系，而是主体间性的关系。

在教育学领域中，中西教育学者对价值进行了界定。霍尔斯蒂德（Halstead，J. Mark）曾指出，价值"是那些自身被认为'好'的东西（如美、真、爱、诚实和忠诚），也被界定为个人或社会的偏好"①。内尔·霍克斯（Neil Hawkes）对价值的理解主要是侧重于可以作为引导行为的原则的价值列表，这个列表包含尊重、同情、关心、责任等具体的价值。檀传宝在分析批判我国理论界界定价值的四种模式（实体说、属性说、关系说和意义说）的基础上，认为意义说可以让我们真正从价值论的角度看待教育问题。② 石中英认为教育学领域中的"价值"和经济学领域中的"价值"不同，不能从"有用性"的意义去理解，"而只能被理解为'主体满足需要的正当性原则'"。③

在前期研究基础上，本书将价值界定为人们（个体或群体）在行动时所应该坚持和体现的正当性原则，同时也是人们评价他人行为"好坏""对错"或"高尚与低俗"的重要标准。

从 20 世纪中叶开始，在西方社会转型、教育改革的过程中，价值教育逐渐成为一种新的教育改革思潮。价值教育在世界范围内迅猛发展是从 20 世纪 80 年代末 90 年代初开始的，大卫·卡尔（David Carr）在 1997 年曾撰文指出："教育的发展

---

①　J. Mark Halstead, "Values and Values Education in Schools,"in *Values in Education and Education in Values*, New York, The Falmer Press, 1996, p. 5.

②　檀传宝：《教育是人类价值生命的中介——论价值与教育中的价值问题》，载《教育研究》，2000（3）。

③　石中英：《关于当前我国中小学价值教育几个问题的思考》，载《人民教育》，2010（8）。

好比一次长途旅行，当下所展现的一幕就是价值教育，这种教育思潮被贴上'价值教育'的标签，在语义上略显古怪，因为教育本就是一种关乎价值的事务，价值教育这种表述似乎是同义反复。"①卡尔的话确实很有道理，但世界各国之所以纷纷开始提倡价值教育就在于"价值"这个教育的题中之义在教育实践中被忽视了，所以学者们才以最直接最鲜明的方式提倡"价值教育"，通过这样的方式来恢复教育的题中之义。

之所以说是在世界范围内的迅猛发展，主要表现在以下几个方面。首先，联合国教科文组织开始设立专项来进行价值教育研究，如1991年由莫妮卡·泰勒(Monica J. Taylor)主要负责的"欧洲教育中的价值"项目，此项目的研究成果《价值教育在欧洲：1993年26国的比较调查概况》于1994年在纽约发表。其次，国际性的价值教育研究成果陆续出现，如哈佛大学卡明斯(W. K. Gummings)教授等一批教育家对东西方各国的价值教育的实践及其政策所做的系统的实证研究。②再次，政府开始作为价值教育的倡导者和推动者，如澳大利亚政府对价值教育非常重视，划拨专项资金、组织系统的调研、开办专门的杂志来推进价值教育的发展。最后，各国的价值教育开始呈现出系统化规模化发展，如英国越来越多的中小学成为由内尔·霍

---

① David Carr, "Educational Values and Values Education: Some Recent Work," British Journal of Sociology of Education, 1997(1).

② [美]卡明斯：《价值教育的国际比较(一)》，载《外国教育资料》，1997(2)；《价值教育的国际比较(二)》，载《外国教育资料》，1997(3)；《价值教育的国际比较(三)》，载《外国教育资料》，1997(4)。

克斯倡导成立的价值教育联盟（Values Education Trust）的成员校，由霍克斯担任教育顾问的"以价值为基础的教育"（Values-based Education）也正在成为一个国际性的价值教育平台。

从 20 世纪八九十年代至今，我国价值教育已经积累了丰富的理论和实践研究成果。概括来说我国的价值教育研究可以分为以下几类：第一类，翻译西方价值教育研究成果，如 1997 年《外国教育资料》三期连载了由钟启泉教授编译的美国哈佛大学卡明斯教授的《价值教育的国际比较》等。第二类，介绍西方价值教育经验，探寻对我国价值教育的启示，如对英国、美国、澳大利亚、新加坡等国的价值教育经验的介绍和分析。第三类，呈现我国本土的价值教育理论和实践成果，如指出新世纪价值教育面临的机遇和挑战以及我国开展价值教育的紧迫性[1]，分析在我国语境中价值、教育价值和价值教育的内涵和外延[2]，分析我国价值教育面临的基本问题及其解决对策[3]，探讨如何促进教师价值教育能力的改进和完善[4]。综合以上对价值教育的研究成果，本书将价值教育界定为由教育者所设计、实施的旨在培养儿童在自我行动和评价他人行为时坚持和体现正当性原则，直至使正当性原则成为儿童意识的稳固成分的教育实践活动。

---

[1] 王逢贤：《价值教育及其在新世纪面临的挑战》，载《高等教育研究》，2000(5)。

[2] 王坤庆：《论价值、教育价值与价值教育》，载《华中师范大学学报(人文社会科学版)》，2003(4)。

[3] 石中英：《关于当前我国中小学价值教育几个问题的思考》，载《人民教育》，2010(8)。

[4] 石中英：《教师的价值教育能力现状及改进策略》，载《中国德育》，2013(9)。

价值体验主要指主体在某个具体情境下由某个具体行为所体现的正当性所引发的原初的、前概念的意识活动。从目前掌握的文献来看，在中外价值教育领域尚未出现专门针对儿童价值体验的研究成果。这就造成了一个问题：教育者无法明确解释价值教育究竟是如何引起了学生的价值成长。缺乏这种解释，教育者不仅不能很好地为自己的价值教育寻找合理性依据，同时也不能对价值教育效果做出科学的评价。解决这个问题的关键就在于探究儿童的价值体验，因为儿童的价值体验是连接价值教育和儿童价值成长的中间环节。价值体验是儿童在生活世界中时刻在经历着的体验类型，如果我们能从儿童生活世界中的价值体验入手去探究儿童究竟是如何体验价值的，进而去反思价值教育可以如何激发和增强儿童的价值体验，从而帮助儿童形成某种价值品质，那价值教育就不仅有了合理性依据，而且也拥有了对价值教育效果的明晰解释性。由此看来，儿童的价值体验研究是价值教育研究中不可或缺的重要内容，对我国价值教育的理论和实践发展都具有重要的意义。

三、为什么关注儿童的宽容体验

在价值世界中存在着诸多价值，像尊重、诚实、勤奋、友善等，这每一项价值都拥有重要的意义。在众多的价值中，我为什么对宽容这项价值情有独钟？为什么对儿童的宽容体验充满了兴趣？这还要从我的亲身经历说起。

在加拿大访学期间，我和一个家庭（也来自中国）住在同一栋房子里。他们家的小男孩名字叫安迪（Andy），在附近的学校插班读一年级。临近圣诞了，学校组织孩子表演节目。在家长联系本上，老师写到最好让孩子在表演那天穿红色的衣服。安迪没有红色的衣服，而且妈妈也没有时间去给他买，这让妈妈很犯愁。妈妈找来找去只找到一件暗红色带格子的马甲。第二天去接孩子的时候妈妈把这件衣服带上了，想问问老师穿这一件可不可以。老师说我只是建议穿红色的衣服，不是一定要穿红色的。她把安迪叫过来问他表演的时候喜欢穿什么颜色的衣服，安迪最喜欢绿色，就不假思索地说绿色。老师笑笑对妈妈说，那就穿绿色的吧。老师的回答让妈妈非常意外，因为安迪在国内上幼儿园的时候就买过好几次演出服装。

演出那天，每个班的孩子表演节目的衣服都不是特别统一。轮到安迪所在的班，孩子们精神抖擞地上台。他们的衣服有深红、有浅红、有毛衣、有T恤，安迪的衣服最显眼，是他喜欢的绿色。孩子们在台上尽情地又唱又跳，台下其他班级的孩子们还有家长和老师兴致勃勃地观看、鼓掌，没有人觉得孩子的衣服不统一有什么问题。对于安迪的老师来说，重要的是孩子尽情地、无拘无束地上台表演。虽然红色更加符合圣诞的气氛，但是没有必要让孩子都穿完全统一的红色衣服，只要穿自己已有的红色衣服即可。即使没有红色的衣服，只要孩子喜欢，穿绿色的也没有问题。老师丝毫不认为没有红色衣服会对演出造成什么重要影响，而且孩子们也习惯于穿着不同的衣服上台表演。穿着绿色衣服的安迪跳得非常投入，没有一点不自在，台下的家长们也觉得这很正常。

这件事情引发了我的思考：安迪的老师让安迪穿自己喜欢的绿色衣服参加演出，这个简单的行为背后所蕴含的是宽容。和安迪同台演出的同学，台下的同学、老师和家长没有人对安迪的绿色衣服有什么特别的关注和异议，这背后所蕴含的也是宽容。

我意识到宽容所彰显出来的无形的力量。其实宽容的重要性不仅表现在艺术领域。在国际化背景下，人与人之间的联系越来越紧密，各种不同文化和价值观念之间的聚集和碰撞也越来越频繁。要在文化多元和价值多元的时代中实现和谐共存，宽容的重要性就会得以凸显。从人类社会的历史发展来看，宽容并不是人与生俱来的价值品质，而是一项理性化程度较高的社会性价值，需要在人类社会的进程中通过接受教育来习得。在思考如何让儿童学会宽容之前，我们很有必要回顾一下"宽容"的历史。

"宽容"成为西方语境中一个非常重要的主题是从 16、17世纪开始的。那个时候西方世界新旧教尖锐对垒，冲突连连，为了缓和宗教矛盾，"宗教宽容"成为人们关注的焦点。1689年洛克（John Locke）在荷兰匿名发表了他写给好友菲力·范·林堡格的一封论述宗教宽容的信，题为"论宗教宽容"。在此信中洛克阐述了政教分离和信教自由的观点，认为宗教是公民的私事，国家应该对教会实行宽容政策，一视同仁、平等相待。此信的发表在英国、法国、荷兰等欧洲国家激起了强烈反响，引发了欧洲对"宽容"的关注和探讨。① 1762 年法国图卢兹一位年轻的天主教信徒自杀，法庭却裁定他 68 岁的父亲加尔文教徒让·卡拉斯为了取悦上帝勒死了自己的儿子，并处死了卡拉斯。这一事件引发了伏尔泰（François-Marie Arouet）的关注，伏尔泰认定这是一场不公正的审判。他奔走三年最终为卡拉斯昭雪平反，《论宽容》一书就是"为让·卡拉斯身故而作"。在伏尔泰那里，宽容被解释为"信仰自由"。他认为信仰自由是人类的特权，因为"我们大家都是弱点和错误塑造成的。我们要彼此原谅我们的愚蠢言行，这就是第一条自然规律"②。1925 年美国思想家房龙（Hendrik Willem Van Loon）的《宽容》一书出版，虽然在书中作者采用了大家公认的《大英百科全书》对宽容的界定，即"容许别人有行动和判断的自由，对不同于自己或传统观点的见解能够耐心公正地容忍"③，但是作者却用自己的方式呈现了对宽容的别样分析。他以通俗的笔触将西方历史上两千多年的不宽容娓娓道来，一语中的地指出恐惧是所有不宽容的根源，"无论迫害的方法和形式如何，它的原因都来自恐惧，它集中表现在竖起断头台的人和把木柴扔向火柴堆的人极端痛苦的表情"④。经历了第一次世界大战的房龙痛心地看到战争所带来的"不是一种不宽容的制度，而是几十种。不是对同伴一种形式的残酷，而是一百种"，"社会刚开始摆脱宗教偏执

① ［英］洛克：《论宗教宽容》，吴云贵译，北京，商务印书馆，2017。
② ［法］伏尔泰：《论宽容》，蔡鸿滨译，译本序 4 页，广州，花城出版社，2007。
③ ［美］亨德里克·威廉·房龙：《宽容》，李暮译，4 页，上海，上海三联书店，2008。
④ 同上书，273 页。

的恐怖，又不得不忍受更为痛苦的种族不宽容、社会不宽容以及许多微不足道的不宽容"。① 虽然如此，他依然殷切希望不宽容的事情在将来不再发生，并坚定地相信无论是等1万年还是10万年，随着人类对自身恐惧心理的征服，宽容的时代一定会到来。如果说洛克和伏尔泰主要是在宗教领域探讨宽容的必要性和重要性的话，那么房龙则是从人类文明发展史的视角对宽容发出了最深情的呼唤。房龙在完成《宽容》一书的时候没有想到第二次世界大战的爆发，更不会想到第二次世界大战中法西斯主义者进行的种族灭绝计划，也不会想到《宽容》出版70年之后的1994年在卢旺达再次发生了惨绝人寰的种族屠杀。有学者将20世纪称为"人类史上最为离奇恐怖的世纪"是有根据的，这些人为的悲剧让美国的杰弗里·穆萨耶夫·马松（Jeffrey Moussaieff Masson）得出这样的结论"人是唯一卷入战争、种族灭绝、酷刑折磨、违背人道等诸多罪愆的动物"②，并由此展开一项有趣的名为"动物老友记"的实验，试图探究动物之间的宽容和友爱。

历史上曾经发生的由不宽容所造成的惨剧让人们警醒，宽容成为人们迫切的诉求。20世纪中叶以来，随着国际化的到来和各国民主进程的推进，宽容还被赋予了更具时代特色的内涵。学者们更多从文化多元、价值多元以及自由民主进程这些

---

① ［美］亨德里克·威廉·房龙：《宽容》，李慕译，270页，上海，上海三联书店，2008。
② ［美］杰弗里·穆萨耶夫·马松：《动物老友记：向它们学习宽容和友爱》，盛宇佳译，131页，上海，上海人民出版社，2010。

角度来探讨宽容。1980 年英国约克大学政治系成立了莫雷尔宽容研究中心（The Morrell Centre for Toleration ），中心以年会和工作坊的形式对宽容进行探讨，并出版了包括《自由主义、多元文化主义和宽容》在内的多本编著，从哲学、政治学、教育学等多个角度对宽容进行解读和研究。1997 年犹太裔美国公共知识分子迈克尔·沃尔泽（Michael Walser）出版了《论宽容》一书，他认为"宽容与被宽容，这有点类似亚里士多德的统治与被统治；这是民主公民之事"①，书中呈现了作者对在政治上如何实现和保持宽容这一问题的思考。据说这本书在出版的3 年内就被翻译成 15 种不同的文字出版，由此也可以看出在世纪之交人们对"宽容"这项价值的热衷。

中国文化对"宽容"的追求更是源远流长，在我国先秦的文献中就能找到宽容的思想，如《庄子·天下篇》中的"常宽容于物，不削于人"②。《荀子》中也多次出现"宽容"，如"君子能则宽容易直以开道人，不能则恭敬缚绌以畏事人"③，"接人用曳，故能宽容，因求以成天下之大事矣。故君子贤而能容罢，知而能容愚，博而能容浅，粹而能容杂，夫是之谓兼术"④。"调而不流，柔而不屈，宽容而不乱，晓然以至道而无不调和也，而能化易，时关内之，是事暴君之义也。"⑤这些文献中的"宽容"

---

①　[美]迈克尔·沃尔泽：《论宽容》，袁建华译，2 页，上海，上海人民出版社，2000。
②　曹础基：《庄子浅著》，499 页，北京，中华书局，2000。
③　张觉：《荀子译注》，21 页，上海，上海古籍出版社，2012。
④　同上书，51 页。
⑤　同上书，185 页。

都是心胸宽广，可以容人的意思。在先秦时期，宽容被看作君子的美德，是君王的驭臣治国之道，也是臣子的辅君辅政之道。在我国古代封建王朝的统治思想中，我们可以看到宽容的思想，如西汉的无为而治，唐朝的文化宽容，元朝的怀柔政策等。进入 20 世纪之后，旗帜鲜明倡导宽容的当属 1917 年出任北京大学校长的蔡元培先生。他将自己的治校方针定为"依世界各大学通例，循思想自由原则，取兼容并包主义"，在他的带领下，北京大学成为中国的精神圣地，"思想自由，兼容并包"也成为北京大学的校训。提倡宽容思想的还有胡适先生。他 1959 年曾在《自由中国》发表题为"容忍与自由"的文章，表达了"宽容比自由更重要"的思想。改革开放以后，我国迅速融入国际化的发展潮流，面对来自思想、文化、政治、经济等各个方面的众多差异，要走和平发展的道路，要构建和谐社会，宽容就成为必然的选择。20 世纪 90 年代华侨大学的吴承业教授开始关注"宽容"这个主题，并在华侨大学组织"宽容论坛"，召开"全国宽容与构建和谐社会研讨会"，并编辑出版了宽容系列丛书，对社会宽容、文化宽容、公共领域宽容以及法律宽容进行了深入的探讨。除此之外吉林大学的贺来教授在《宽容意识》一书中将宽容视为现代性的特征，并从"宽容是什么""宽容的合法性根据"以及"宽容的限度"三个方面进行了探讨。[1]还有学者从艺术发展的角度倡导宽容与超越[2]，从科学发展的角度阐

---

[1]　贺来：《宽容意识》，长春，吉林教育出版社，2001。

[2]　金妹：《宽容与超越》，北京，颂雅风文化艺术中心，2009。

述宽容的重要作用①。

　　古今中外对宽容的关注和研究都在表明，宽容不仅是人类文明史所彰显出的价值期盼，也是当今社会发展的必然要求。在漫长悠久的人类文明史中洒满了由不宽容制造的血泪，种族歧视、宗教仇恨、政治争端、科学成见吞噬了难以计数的生命，造成了不可估量的损失。就像房龙所说的："这样的事情发生在过去，也发生在现在，不过将来（我们希望）这样的事不再发生了。"②在经济全球化的时代背景下，人与人之间的联系前所未有的紧密，各种不同的文化、思想和价值观念也前所未有的聚集，在这样一个文化多元、价值多元的世界中拥有宽容品质对个人的存在，对国家民族，乃至全人类的命运都会产生重要的影响。一个宽容的人才能在价值多元的世界与他人和谐相处，同时又不丧失自己的个性；一个宽容的民族才能在文化多元的世界与其他民族和谐共存，并保持自己的文化传统。彼此宽容的个人，彼此宽容的民族和国家才能在地球这个我们人类共同的家园和而不同，幸福生活。

　　宽容的社会是由宽容的人组成的，宽容的文化是由宽容的人创造的。所有的一切都必须回归到一个基点——培养宽容的人。如果教育能够把宽容化作每一个人内心深处的信念，能把每一个人都培养成宽容的人，那么房龙所期待的宽容的时代就

---

　　① 杨小明、李强、李斌：《科学与宽容》，上海，上海人民出版社，2011。
　　② ［美］亨德里克·威廉·房龙：《宽容》，李暮译，序言6页，上海，上海三联书店，2008。

一定会到来。1948 年的《世界人权宣言》提出："教育的目的应是充分发展人的个性，加强对人权和基本自由的尊重。教育应促进各个国家、种族和宗教群体之间的理解、宽容和友好。"①教育如何做到呢？宽容是一种理性化程度较高的社会性价值，不是人天生就有的，需要后天习得。儿童对宽容品质的拥有总要经历一个从无到有、从模糊到清晰的过程。如何教儿童学会宽容？就像我们在第一部分所说的，由于成人体验和儿童体验的差异性，我们需要从儿童的宽容体验中寻找依据和路径。

四、如何从现象学教育学的视角探究儿童的宽容体验

对于如何探究儿童的体验，现象学教育学专家马克斯·范梅南已经做出了非常有益的探索。他和巴斯·莱维林（Bas Levering）合著的《儿童的秘密》堪称儿童体验研究的典范，他的《生活体验研究》一书也详细介绍了如何以现象学的方式来寻找生活体验的方法论。在谈到现象学教育学是什么的时候，马克斯·范梅南说："让我们摆脱理论和预设的概念，将我们的成见和已有看法、观点先搁置起来。按胡塞尔的说法，就是将它们先括弧起来、悬置起来。让我们首先直接关注学生的生活世界和生活体验，并对它们做有益的反思，从而形成一种对教育的具体情况的敏感性和果断性。"②要研究如何对儿童进行宽容教育，作为成年人我们首先需要搁置我们心目中理所当然自以

---

① ［美］玛莎·努斯鲍姆：《告别功利：人文教育忧思录》，肖聿译，13 页，北京，新华出版社，2010。

② 李树英：《教育现象学：一门新型的教育学——访教育现象学国际大师马克斯·范梅南教授》，载《开放教育研究》，2005(3)。

为是的想法。我们要以儿童在生活世界中对宽容的体验作为逻辑起点，来关注儿童的宽容体验、获得儿童的宽容体验、描述儿童的宽容体验，并对儿童的宽容体验进行反思和分析，从而形成一种在生活世界中对儿童进行宽容教育的敏感性。

这里首先需要明确"儿童"和"宽容体验"这两个词的意义。按照国际《儿童权利公约》对"儿童"的约定，儿童指的是 18 岁以下的未成年人。儿童的宽容体验也就是 18 岁以下的未成年人的宽容体验。对于"宽容"，前文已经表明古今中外有很多对宽容的研究和界定。本书中，我们从比较宽泛的意义上来理解"宽容"。宽容就是接纳差异，并和差异积极共存的状态。所谓"宽容体验"指的是接纳差异，并和差异积极共存的意识活动。之所以这样理解"宽容"出于两方面的考虑：首先，要获得儿童的宽容体验，必须设定一个意义范围，在这个意义范围之内的儿童体验才属于儿童的宽容体验，这样使得寻找儿童宽容的过程具有良好的操作性；其次，这个意义范围不能狭隘，它要足够宽泛以至于不会过滤掉儿童各种各样丰富多彩的宽容体验。

获得儿童的"宽容体验"不是去问儿童对"宽容"这个词是怎么理解的，而是从儿童日常的生活中去了解他在面对差异且在差异引发了他的消极情绪时，他有怎样的应对方式，进而去揣摩、倾听、理解他的行为反应背后的意识活动，从中捕捉属于宽容体验的部分。本项研究有很多参与者，包括各个年龄段的儿童，也包括年龄较小的儿童的家长。在这项研究前期准备阶段，我去加拿大访学，与一个中国家庭合租一套房子，于是就和他们家 6 岁的小男孩儿朝夕相处了一年。这对于当时还没有孩子的我来说是一件非常幸运的事情。我可以近距离观察这个小男孩儿的生活，可以随时和他的父母一起来揣摩他的价值体验。通过这个家庭我还认识了另外 4 个有孩子的家庭，孩子的年龄分别是 1 岁、4 岁、8 岁和 10 岁。在和这些孩子及其家长的交往过程中，通过对儿童的观察和对其家长的访谈，我获得了很多关于儿童宽容体验的原始资料。除此之外，我在加拿大的住所前面不远就是社区儿童乐园，附近的家长很喜欢带孩子过来散步并在儿童乐园玩耍。只要我站在窗前就能清楚地看到孩子们玩耍的样子，看到有意思的事情我也会过去和家长聊几句，这也为我的研究积累了一些原始资料。回国以后，我又系统地对多名不同年龄段的儿童进行了观察和访谈，同时也在几位中学教师的帮助下获得了将近 300 份儿童对自己宽容体验的文字描述。由于儿童年龄跨度较大，对于年龄较小尚不能清晰地表达自己的儿童，我主要通过观察、对儿童父母进行访谈的方式来获得他们和宽容相关的体验；对于能够清晰地表达自己但是不理解宽容是什么的儿童，我主要通过访谈的方式请他们回忆当有人和他有不同的想法，或者做了让他不高兴的事情时，他是怎么办的，他想到了什么，感觉到了什么；对于那些已经有了自己对宽容的理解的儿童，我主要通过请他们写体验描述的方式，让他们自己描述他们的宽容体验。通过这三种方式我获得了从刚刚满月的婴儿到即将高三毕业的学生这个年龄跨度之间比较丰富的儿童宽容体验原始资料。

　　衡量一项现象学教育学研究成功与否，主要是看它是否向读者呈现出了它所描述的生活体验所具有的深层意义，是否让读者对不曾给予关注的日常生活体验产生兴趣，是否用富有感染力的表述引发了读者的共鸣和思考。为了保证这些的实现，尽可能周全地收集原始资料成为每一项现象学教育学研究的必然基础。周全地收集资料是为了使研究者能全面、深入地理解某项生活体验，对于本研究来说，就是理解儿童的宽容体验。在对原始资料进行分析和整理的过程中，研究者需要敏感地把握原始资料所呈现出来的意义主题。通过对原始资料的整理和分析，几个意义主题向我开显出来：儿童宽容的原初形态（或者说是存在论意义上的宽容）、不宽容和儿童自我意识的关系、儿童对"宽容"概念的理解存在偏差、基于爱和同情的宽容、基于利益权衡的宽容与基于自由和平等信念的宽容。不同的原始资料对意义主题的贡献往往是不同的，所以并不是所有的原始资料都会出现在最终的研究文本中，研究者需要对故事进行审慎地选择。研究者需要围绕显现出的意义主题选择具有代表性的故事，这些故事往往具有以下特点：直观地呈现意义主题、有力地激发读者的兴趣、深深地吸引读者进行反思。综合考虑以上几个特点，我从众多原始资料中选择了 38 份，分别对应不同的意义主题，呈现在读者面前。儿童的宽容休验总是有特定的主体，总是发生在特定的情景之中，所以仅凭一个故事是无法全面地展现儿童宽容体验的某个意义主题的，而是要通过一组故事来从不同的角度进行呈现。在本项研究中，儿童宽容体验的故事并不是作为例证出现，而是关涉整个研究的灵魂，我不是单纯地描述这些故事，而是通过故事的感染力来"邀请"读者参与到对话和思考之中。

如何对儿童的宽容体验进行描述？把对儿童的观察、对儿童的访谈转换成文字必然会造成这些文字与儿童原本体验的距离，这是不可避免的。但是这种距离远不至于取消用文字描述来对儿童原本的体验进行意义表达的合法性。"即使说和写的语言都无法与我们生活经验的实际敏感性相一致，但通过对生活世界敏感的文本，我们仍可能并值得尝试着对生活进行前反思的仿效。"①而且现象学描述的独特之处也有助于缩小文字与原本体验之间的距离。因为现象学描述"首先意味着，仅仅运用那些产生于被直观之物本身之中的概念来表述被直观之物。因此，虽然'描述'是在概念中进行，但却始终不离开直观的基础，直观性是'描述'方法的第一特征；其次，'描述'的方法还意味着对被直观之物做尽可能深入的分析，对它的各个因素做直观性的展现。在这个意义上，'描述'自身还包含着'分析'的成分"②。本项研究对儿童宽容体验的描述正是努力实现现象学对描述的要求。

如何基于儿童的宽容体验获得对宽容教育的启示？首先，作为研究者，我始终保持一种现象学教育学的理论态度来对儿

---

① Max Van Manen, *Researching Lived Experience: Human Science for an Action Sensitive Pedagogy*, Ontario, The Althouse Press, 1997, p. xiii.

② 倪梁康：《胡塞尔现象学概念通释（修订版）》，85 页，北京，生活·读书·新知三联书店，1999。

童的宽容体验进行反思。我以研究者和教育者双重身份自居，对每一个儿童宽容体验所蕴含的宽容教育意义保持敏感，并回到每一个儿童宽容体验本身对儿童宽容体验的意义结构进行反思。其次，本项研究虽然关注每一个儿童富有个性的宽容体验，但研究的焦点不是每个儿童的宽容体验的不同点，恰恰相反，研究想寻找的是不同的儿童所提供的不同宽容体验中所呈现出来的具有普遍意义的成分，这些具有普遍意义的成分可能是每个儿童都经历过的、正在经历的，或者是即将经历的。这些具有普遍意义的成分也许会唤起我们成年人对自己童年的回忆，会让我们更加亲近儿童的内心世界。本书试图去呈现从 0 岁到 18 岁这个年龄跨度里儿童对宽容的体验所呈现出来的意义特征，基于这些特征去思考作为家长和教师的我们在日常与儿童相处的过程中可以怎样富有智慧地培养儿童的宽容品质。再次，对儿童宽容体验的反思是研究者与儿童的宽容体验进行视域融合的过程。我带着自己已有的生活经历、理论视角来对儿童的宽容体验进行理解和解释，进而获取如何进行宽容教育的启示。同时研究者也以自己的反思引发读者与儿童宽容体验、引发读者与研究者反思之间的视域融合，从而激发读者对儿童宽容体验的兴趣，邀请读者对如何进行宽容教育展开思考。

第一章
儿童宽容的原初形态

　　宽容作为一种价值能够被我们体验、拥有、实现，但人对宽容这种价值品质的拥有并不是与生俱来的，而是在"此在在世"的过程中，在和诸存在者的遭遇和交往中，从朦胧到清晰，从不完善到完善，逐渐建立起来。任何事情的发生都有其原初形态，就像有机小分子之于生命的起源，就像种子之于参天大树，这种原初形态就是事情发生的基质，它从始至终都伴随着事情的发展过程。儿童宽容品质的养成也是一样，也有其原初的形态，有其萌芽。

第一节　儿童宽容的原初形态

　　萱萱快满月了，被包裹在白绿相间的斑点小被子中的她尽自己最大的努力转着小脑袋看着四周。明亮的小眼睛一眨一眨，小眼珠转来转去，小嘴巴微微张开，露出覆着一层薄薄的白色舌苔的粉红的小舌头。小家伙的舌头似乎特别灵活，一会儿舔舔上嘴唇，一会儿藏到嘴巴里，一会儿又一吐一吐的。最可爱的是，她每次往右上方看时，鼻梁和眼睛之间的地方都会皱一下，形成迷人的皱纹。可能是太小的缘故，转动脑袋的时候，身体也跟着一扭一扭，还伴随着很费力气的喘息声。她的小手也没闲着呢，一会儿抓抓被子，一会儿握起小拳头，一会儿又挥舞两下。

　　妈妈推着点点出去散步，点点把一只手伸出车外，嘴巴里不停地喊着"哎哎哎"。点点刚十个月，还不会说话，但是妈妈发现这几天一推他出来散步，他就很兴奋地挥着小手"哎哎哎"地喊。迎面走来一位阿姨笑着对点点说"你好啊"，点点一下子呆掉了，手停在空中，目不转睛地看着对方，张着小嘴，口水都流出来。他的样子把阿姨和妈妈都逗笑了。她们笑她们的，点点还是呆着。后来继续往前走了一会儿，点点又挥舞起小手，"哎哎哎"地喊起来，貌似在跟整个世界打招呼呢。

　　万圣节到了，爸妈带着皓皓去农场挑南瓜。南瓜站了一排又一排，皓皓第一次看到南瓜，有点小紧张，赖在妈妈怀里不肯下来。妈妈说："宝贝儿，下来，爸爸给你拍片片哈。"好不容易下来了，但人在南瓜那儿待着，眼睛一直可怜巴巴地盯着妈妈。爸爸说："儿子，笑一个。"皓皓嘴巴咧了一下，挤出一个笑容，眼睛里是掩盖不住的陌生感和孤单。妈妈过去拍着南瓜告诉皓皓说："乖皓皓，这是南瓜，你也拍拍看。"皓皓表情自然了一点，但两个手缩在胸前还是不肯碰，妈妈又重复了好几遍，皓皓才小心翼翼地把手放到南瓜上，摸索来摸索去，左瞅瞅右瞅瞅，突然"噢——哒……"大喊了一声，开始拍南瓜了，拍得还挺有节奏，小腿也跟着一弯一弯的。爸爸说："皓皓，南瓜好玩吧，再笑一个。"皓皓笑得那叫一个灿烂，小眼睛挤成一条缝，刚长出的四颗牙齿都露出来了，口水更是尽情地流啊。

乐乐现在走路的时候，不像前两个月那么一根筋地只顾往前走了。对他来说，现在不管走到哪儿，都"步步是风景，处处是诱惑"。说是出门散步一小时，走不了多少路，一路净在爬个高下个低，这看看那瞅瞅。看见石子要玩，看见砖头要踩，看见铁门要推，看见凳子要爬，看见水管子要抓。看见花啊果啊，那就是老鼠掉进米缸里，没看够的话，咋也不肯走。十五个月的小乐乐对这个世界充满了好奇和喜爱呢。

爸爸领着天天向海滩走去，这是天天第一次看海，小家伙有点兴奋，摇摇摆摆还加点小跑地跟爸爸过去。正在涨潮，浪花翻滚而来，天天有点害怕，拉着爸爸往后退，还张开手臂让爸爸抱。浪花在离天天还有些距离的时候就退回去了，没有打湿天天的脚。天天胆子大了一点，又往前走了几步，爸爸也顺势松开了手。浪花又来了，天天眼睛紧盯着浪花。眼看到跟前了，天天又往后退，但是这次浪花追得紧，把天天的小半截裤子都打湿了。海水碰到天天的时候，小家伙打了个寒战，不是水凉，而是被吓了一跳吧。海水退回去，小家伙缓过神来，一边喊爸爸，一边张开胳膊让爸爸抱。还没等爸爸抱起，又来了一个浪，比之前的都大，天天没站稳，一下子被冲倒了，一屁股坐在海水中。爸爸赶紧把他捞起来，发现小家伙刚要哭呢，一下子笑得特别开心，又不让爸爸抱了，要下海呢。

黄昏时候，妈妈带着东东在草地上玩。夕阳把东东的影子拉长。东东看见自己的影子，很好奇，这貌似是他第一次注意到自己的影子。最开始他面对着影子看啊看啊，往左走两步，再走两步，又往右走两步，发现影子也跟着他走。他抬起右脚，影子也抬起右脚，又抬起左脚，影子也抬起左脚。他蹲下去，影子变小了，他伸手去摸影子，但是只抓起来一根草叶子。他又站起来，影子也变大了。他转过身来，又回过头去看，影子还在，他又从另一边转过头去看，影子还在。他突然举着两只小手向妈妈跑来，一边跑一边试图回头看，身体没协调好一下子摔倒了。一屁股摔到草地上之后第一件事还是回头看影子。

闹闹在商场玩具区玩毛绒玩具，他最喜欢长颈鹿。正自己嘟嘟囔囔地玩得高兴呢，有个小女生来抢闹闹的长颈鹿，闹闹愣了一下，就松开手，然后站起来转身去找妈妈。靠在妈妈怀里，闹闹的眼睛还是盯着长颈鹿。妈妈说："没关系啊，你可以和小妹妹一起玩儿啊。"闹闹不过去，就靠在妈妈身上。那个小女生看他不玩了，自己也不玩了，放下长颈鹿转身玩别的玩具去了。闹闹看那个小女生不玩了，就又过去玩。

这些画面会引发我们怎样的感触呢？刚刚成为父母的读者有没有从中找到自己孩子的身影？准备成为父母的读者是不是对即将降临的孩子更加充满了期待？孩子已经长大的父母有没

有陷入对自己孩子幼年时光的回忆之中？暂时还不打算成为父母的读者是不是感觉到内心深处有某种被唤醒的暖暖的蠢蠢欲动？范梅南曾说过，"教育学是迷恋儿童成长的学问"，这种迷恋是源于我们对孩子的爱和期待。正是这份发自心灵深处的爱和期待，让我们因孩子的每一个小小的成长细节而欢呼雀跃，对发生在孩子成长过程中的每一件小事都刻骨铭心。

细心的读者也许会发现虽然呈现的这些故事各不相同，但都是围绕着孩子与世界中的人或者物之间的接触和交往展开的。刚满月的孩子努力环顾四周是开始主动地关注家庭环境。牙牙学语的小孩子和整个世界打招呼是和家门外的世界的交往。孩子第一次见到南瓜从紧张到释然是和一个陌生事物的接触。孩子会走路后"步步是风景，处处是诱惑"是对他所能接触到的所有事物的好奇和喜爱。和大海的第一次亲密接触就喜欢上大海是对浩瀚的自然景观的接纳。第一次发现有影子这个神奇的东西的存在是对和自己形影不离的现象的关注。玩具被抢时的茫然和放手是一次和陌生小朋友交往的经历。这些故事呈现在儿童早期的成长过程中，孩子睁开眼睛环顾四周，从妈妈的怀抱中走出来，打量着他周围的一切，从自己的家中走出来，打量着这个世界的一切。这个阶段的儿童没有设防，外部世界对他来说也丝毫没有遮蔽，儿童这种敞开心扉拥抱世界的状态就是宽容的原初形态。

第二节　如何理解儿童宽容的原初形态

为什么说儿童这种敞开心扉拥抱世界的状态就是宽容的原初形态呢？敞开心扉拥抱世界是什么意思？其原初在于何处？这和宽容有什么关系呢？接下来我们将通过对上文描述的画面的进一步分析，来回答这些问题。

一、儿童宽容的原初形态表现为在世界中的交往

即将满月的萱萱躺在自己的小床上环顾着四周，虽然有研究表明一个月大的小孩儿只能看清 15 厘米以内的物体，但是这有什么关系呢？即使只能看清近处的东西，即使远处的东西都是模模糊糊的影子，也不妨碍萱萱兴致勃勃地看。无论是清晰的，还是模糊的，都是萱萱在熟悉周围环境的过程中所经历的。虽然要费一些力气，但她还是不知疲倦地扭动身体，转动脑袋，就是为了看看周围究竟有什么。没有人在旁边，是她睡醒之后很自然地在看。她没有哭，说明到处看看没有让她感到不适。她一边吐着小舌头，玩弄着小手，一边转来转去地看，周围的一切是不是变得更加熟悉了呢？萱萱正在主动地将清晰和模糊的周围环境纳入自己的世界里。

随着点点的长大，他变得对家门外的世界更加感兴趣。对于妈妈经常带他散步走的这条路，点点已经比较熟悉了，他坐在婴儿车里挥着小手一路"哎哎哎"的喊，俨然一个小主人的样

子。10个月大，虽然他还不能说出完整的句子，但是爸妈跟他说话他都听得懂，他也会有意识地发出一些声音，这种"哎哎哎"的喊声就是一种新的和这条路上的一切交往的方式。当一位阿姨突然停下来和点点打招呼的时候，点点不知所措了，这个阿姨是他不熟悉的，他需要盯着她好好看看才行。

皓皓第一次去农场，第一次看到南瓜，而且是那么多南瓜。这和他所熟悉的铺着五颜六色的地垫，有小卡车、电子琴、小鸭子、小瓢虫的房间太不一样了。这些一个一个堆了这么多的黄黄的圆圆的东西是什么？他对这个陌生的、奇怪的环境不知所措。当听到妈妈说要拍照片的时候，皓皓还是从妈妈的怀抱中下来了。皓皓喜欢照相，但是下来之后发现，站在这些陌生的家伙中间，有点害怕，有点孤单。爸爸让他笑一个，他很勉强地挤出一个笑容。他望着妈妈，希望妈妈赶紧把他抱起来，他不想和这些不认识的大家伙待在一起。妈妈过来了，告诉皓皓这些是南瓜，还教他拍南瓜。有妈妈在身边真好，皓皓不害怕了，而且觉得拍南瓜是一件很好玩的事情。爸爸又喊皓皓笑一个，这时皓皓轻松开心地笑了。皓皓经历了一个将南瓜纳入自己世界的过程。最开始面对这么多陌生的东西，他是有点害怕有点抗拒的，但是在妈妈的鼓励下，他试着去接触南瓜，进而喜欢拍南瓜。他的心灵朝南瓜敞开，将南瓜纳入自己的世界，他也纯真灿烂地笑了。

当孩子能够用自己的双脚站在地上，能够自如地走路的时候，很多父母都会发现这个时候的孩子不太喜欢大人抱了，也不太喜欢坐婴儿车，只要能自己走，就愿意自己走。双脚接触大地，是这个阶段孩子和世界交往的一种新方式。最开始小孩儿一般都擎着两只小手一根筋地往前走，等他走路更加熟练了，小手可以放下了，他也就开始不满足于双脚和大地的接触，对凡是他所能看到、听到、摸到、闻到、踩到的一切都非常感兴趣。站在一个浇花的喷头前能看 20 分钟，看到红色、绿色的小果子又能看上半小时。尽管这些东西在大人看来再平常不过，但对这个时段的孩子来说，所有的东西都有无限的吸引力，前文中的乐乐就是这样，他通过这种方式更加深入地了解这个世界。

当父母很兴奋地告诉孩子，今天爸爸妈妈要带他去看海的时候，虽然孩子并不知道海是什么东西，但是他能够体会到父母话语中的兴奋，会被这种兴奋所感染。当天天来到海边的时候，他依然保持着这份兴奋，但是眼看着浪花气势汹汹地翻滚而来，他还是有点害怕。浪花并没有碰到天天，这让天天在虚惊一场的同时也充满了好奇，它怎么走了呢？浪花再次袭来的时候，天天躲闪不及，小半截腿都被海水包围了，这把天天吓了一跳，本能地就想往后退，让爸爸抱，但是紧跟着来的一个大浪一下子把天天冲倒了。天天本来吓得要哭，但是随即发现坐在海水中好舒服哈，他又不让爸爸抱了，他喜欢和海浪玩。第一次和大海亲密接触，天天就喜欢上了海。

随着孩子长大，他的观察能力也在进步，他会发现一些以前被他忽略的现象，比如影子。东东第一次发现影子是在他快满 2 岁的时候，他对着影子左走走、右走走，抬脚、放下，蹲下、起来，他发现这个东西总是随着自己在动、在变化。这究竟是什么呢？摸摸看吧，但是除了草地，东东什么都摸不到。转过身，这个东西还会在吗？怎么还在啊！东东想赶紧告诉妈妈，他向妈妈跑去。他又想，自己跑起来，它还会跟着自己吗？于是就扭头去看。一不小心摔倒了，但是东东发现这个东西还跟着他呢。

在孩子很小的时候，他还没有建立起"所属"的意识，他没有把什么东西看作自己所有而禁止别人来碰。闹闹喜欢的玩具被别的小朋友"抢"了，他愣了一下就放手了。虽然他很想玩那个玩具，但是有人来"抢"，他就放手，别人放下了，他再去接着玩。其实对于小孩子来说，最开始根本不存在"抢"的概念，他们的心灵是开放的，不设边界，所以就没有"你的""我的""他的"的区分。对于闹闹是这样，对于那个小姑娘也是这样。虽然闹闹在玩具被抢的时候有点弄不清楚是怎么回事，但是别人想拿就拿走吧。那个小姑娘也只是被这个玩具所吸引，自然而然就过来拿，看了一会儿又被别的吸引了，又自然而然地放手了。事情对于两个小孩儿来说，就这么简单。

以上这些都是对生活世界中儿童在某个情境中的存在状态的描绘，从呱呱落地的那一刻起，儿童就是这样张开双臂、敞开心灵、毫不设防地拥抱这个世界的。虽然作为成年人我们可以看到儿童是作为一个独特的个体存在于世界中的，但是在儿童那里，他和这个世界没有物我区分，而是浑然合一。所谓物我不分，浑然合一，当然不是指儿童客观存在的物质躯体与世界合一，而是指儿童那颗纯洁无瑕的赤子之心对整个世界的拥抱，儿童的身体和世界的同一。

二、从儿童意识层面理解宽容的原初形态

我们通常会把刚刚出生的婴儿称为"赤子"。"赤子"是老子首先使用的概念。"赤子"不仅仅如其字面所示指刚刚出生，通身赤色的婴儿，老子赋予他"含德之厚"的意蕴。在《道德经》第五十五章老子写道："含德之厚，比于赤子。毒虫不螫，猛兽不据，攫鸟不搏。"婴儿虽然骨弱筋柔，涉世未深，但是却能在世界中从容处之，和世间万物和谐共存，究其原因，不在赤子之身，而在赤子之心。在《孟子·离娄下》中有言："大人者，不失其赤子之心者也。"那什么是赤子之心呢？赤子之心，即天真之心，开放之心，能容之心，无畏之心。孩子正是带着这样一颗纯洁无瑕的心降临到世界上的。每一刻，他都在扩展着自己的内心，每一刻，他都在把陌生的事物纳入自己的心灵。赤子之心日渐丰富，同时他也不断地面对着更加丰富的外在世界。婴儿以其天真、开放、能容、无畏之心向世界敞开，充满好奇地拥抱这个世界，通过努力不断把新的事物融进自己的心灵，这也许就是最原初的，最纯粹意义上的宽容。

上文所说的赤子之心显然不是生物学意义上的心脏，也不是心理学意义上的心理，我们可以将其理解为哲学意义上尤其是现象学中的意识。作为生理器官的心脏是无法向世界敞开并

把世界纳入自身的。赤子之心对世界的敞开和对世界的拥抱也不是心理学意义上的知情意行，而是意识对于诸存在者的意义建构和包容。在本章中，这个意识不是对所遭遇的存在者已经有了意义建构的成年人的意识，而是刚刚开始意义建构过程的儿童的意识，是正在发展完善中的意识。

　　谈到儿童意识，不得不提到胡塞尔现象学的一个核心概念"纯粹意识"。原因在于儿童意识或者前文所说的赤子之心和胡塞尔的"纯粹意识"有着天然的共同之处。所不同的是胡塞尔的"纯粹意识"是对已经对诸存在者有了意义建构的成熟的意识进行还原的产物，而儿童的意识则是尚未对诸存在者形成意义建构的意识形态。纯粹意识是经过现象学还原而得到的现象学剩余。所谓现象学还原就是指"'排除'了包含一切物、生物、人、我们自己在内的整个世界"①，这里的"排除"并不是取消实体的意思，也不是不承认它们的客观存在，而是"排除了对实在现实的那样一种悖谬的解释"②，"严格地说，我们并未失去任何东西，而只是得到了整个绝对存在，如果我们正确理解的话，它在自身内包含着、'构成着'一切世界的超验存在"③。这个绝对存在就是胡塞尔所说的"纯粹意识"，"此意识是绝对自存的，而且不再是通过其他意义给予程序得到的。"④这个纯粹意识的

---

　　① ［德］胡塞尔：《纯粹现象学通论：纯粹现象学和现象学哲学的观念（第一卷）》，李幼蒸译，76 页，北京，商务印书馆，2004。

　　② 同上书，87 页。

　　③ 同上书，76 页。

　　④ 同上书，86 页。

重要机能就是意义建构。之所以说儿童早期的意识和胡塞尔所说的纯粹意识有共同之处，首先是因为在儿童早期意识中没有任何客观实在的设定，甚至都没有设定儿童自身的客观实在，儿童建立起自己身体实在的观念一般是在 10 个月之后。在这之前的他眼里，自己的小手小脚和其他的玩具没有什么区别。除此之外，儿童的早期意识具有意义建构的机能。正是在不断给予意义的过程中，儿童的意识逐渐走向成熟。儿童意识如何建构意义呢？给予什么东西意义呢？儿童为他所能遭遇到的客观实在世界进行意义建构。在儿童的意识中，他所能遭遇到的客观实在世界中的人和物不是作为独立自主的实体存在，而是作为意义统一体而存在。换言之，儿童早期和客观世界的接触和交往不是认识客观世界的物理实存，而是给予意义，把这些意义统一体纳入自己的意识。胡塞尔说纯粹意识领域是一个开放的、充满无限可能的领域，儿童早期的意识同样也是开放的，充满无限可能，这是儿童意识能够不断丰富和完善的前提。

三、从儿童身体层面理解宽容的原初形态

当我们从儿童的意识这个层面来理解儿童宽容的最初形态时，这里说的意识并不是在意识和身体分离的意义上来使用的。前文也曾指出，胡塞尔的纯粹意识所悬置的是作为物质构成的躯体，而不是身体。在胡塞尔的哲学中，他虽然已经走上了经由整体的身体来解决身心、主客二元对立的路径，但他没有明确确立身体的存在论地位，而到了梅洛-庞蒂那里，身体

成为人在世界中最原初的存在方式，"我们始终就是身体本身，以身体的方式和身体的观点存在着、谈论着"[①]。对于儿童来说，更是如此，因为和成人相比，他们尚不具备将自己的身体和意识区分的反思能力。刚刚来到这个世界的孩子，他不知银河系，不知地球的存在，也不知人类的悠久历史，他不知不同的民族孕育积淀了不同的文化，不知世间的人情冷暖，也不知何谓真理何谓谎言。对于他来说，世界就是能够被那张嗷嗷的小嘴所吮吸到的，就是被那双清澈的眼睛所看到的，就是能被那对机灵的耳朵所听到的，就是能被那双还不太灵活的小手所抓到的。他用娇小、稚嫩的整个身体感知着他所能感知到的一切。

对于孩子来说，他原本就处在一种宽容的状态当中，他的身体能够体验到各种差异，但是他却积极地和这些差异共存。优生学的研究表明，胎儿在 28 周甚至更早就具备了认知能力，他的各项身体感觉官能够接纳各种刺激，并形成原始记忆。胎儿所要面临的第一个差异，也可以说是人生当中最大的差异就是从母亲温暖的子宫，降临到外面的世界。蒙台梭利（Maria Montessori）在《童年的秘密》中写道："这个处在完全休息中的人从来没有为吃烦恼过，因为另一个吃了之后会给予他营养。他的神经放松，因为其他组织为他提供了生存所必需的温度。甚至他那最深处的组织也不必自己抵抗毒物和细菌，因为其他

---

① 宁晓萌：《表达与存在：梅洛-庞蒂现象学研究》，67 页，北京，北京大学出版社，2013。

的组织为他服务。他不需要呼吸就能得到氧气，这是所有生物都无法与其相比的一项特权。"而在出生之后这一切都发生了变化，"现在……他只能昂首前进。他独自承担了所有的痛苦。光线和声音伤害了他，被母亲娩出时的剧痛刺痛了体内最深处的神经。当他诞生的时候，他嗷嗷大哭：'你为什么离弃我？'"①人们通常都会赞颂母亲分娩时的伟大，因为母亲承受了巨大的痛苦甚至于冒着生命危险用自己的血泪换来了新生命的降临。其实新生儿也同样伟大，他也经历了可能是一生中最剧烈的疼痛才来到这个世界，"新生儿的身体受到挤压……骨头挤压得几乎快换位才通过产道。母体内的绝对安逸与诞生时那难以想象的痛苦之间形成了剧烈的反差，这种反差使刚刚来到世上的新生儿疲惫不堪。……就像一位来自远方的朝圣者，筋疲力尽，遍体鳞伤"②。只不过他不像成人那样能够用语言来描述这种痛苦，只是坚定地承受着这些巨大的差异，以至于他的这份痛苦往往被成人所忽略。从脐带被剪断的那一刻起，他就和母体完全分离，更多的差异接踵而来。外面的世界是多么的不同，没有了恒定的温度，没有了羊水的浸润，没有了供给所有养分的脐带，没有了熟悉的母亲心脏跳动的节律，他就这样降临到这个世界。他要依靠自己的肺来呼吸空气，依靠自己的嘴巴来吮吸乳汁，他睁着朦胧的眼睛打量着他周围的一切，安

---

① ［意］玛利亚·蒙台梭利：《童年的秘密》，霍力岩译，18～19 页，北京，光明日报出版社，2013。

② 同上书，20 页。

静的或者是啼哭着，积极地与一切差异共存，和世界融为一体。这就是儿童宽容最原初的形态。

而后，新生儿被放到母亲的怀中，他第一次感受到母亲的皮肤，闻到母亲的味道，他感觉到了熟悉的母亲心脏跳动的节律，这让他体验到短暂的放松。之后他被包裹在毯子里递到了父亲的手中，他感受到了父亲颤抖着的双手的温度和力量，他听到了一个似曾相识的男人的声音，或许还在这个男人充满喜悦的眼睛中看到了未及擦干的点点晶莹。之后他被放在病房的一张小床上，他的眼前出现不同的面孔，他的鼻子闻到不同的气味，他的耳朵捕捉到不同的声音，他的小手小脸感受到不同的抚摸。再后来他被裹上了更厚的毯子，从医院出来，经过一段时间的车程，进入一个陌生的房子，躺在了一张陌生的婴儿床上……婴儿所要面临的差异还在继续，无论他出生在哪个国度、听到哪种语言，无论他的父母是什么样子、他被带到什么样的环境，婴儿都以他的整个身体不断地接纳各种差异，并和差异积极地共存。他就像一名不知疲倦的、执着向前的探险者，他不加反思地体验着一切，他的身体和世界和谐同一。就像他刚出生时面对差异一样，儿童这份原初的宽容一直继续，伴随他与更丰富多彩的事物交往。原初形态的宽容并不是仅仅存在于儿童成长的某一个阶段，它一直存在，在人生的各种不同的时段，在生活的各种不同的际遇中，我们都能看到原初形态的宽容，它是存在论意义上的。只要人生活在世界中，存在论意义上的宽容就一直存在。

第三节　儿童宽容的原初形态引发的教育学思考

　　教育的目的是儿童更好地成长，一切为了儿童更好成长的学问都可以称之为教育学，相应的，对于如何促进儿童更好成长的思考就是教育学思考。父母、老师以及其他一些和儿童在一起的成年人往往会进行教育学思考，不仅仅是因为身份责任，更朴素的原因是成年人对于儿童的关爱，以及儿童对于成年人的召唤。因为有这份关爱和召唤，成年人会对儿童的成长非常感兴趣，会有强烈的愿望去弄清楚儿童成长过程中所表现出来的特点，因为他们想帮助儿童更好地成长。基于同样的原因，我们希望弄清楚儿童宽容的原初形态的一般模式，进而思考在这个时段如何恰当地促进儿童的价值成长。

　　前文中我们从儿童的意识和儿童的身体两个层面分析了儿童宽容的原初形态，并得出结论：这种原初形态的宽容是存在论意义上的，只要人存在于世界中，存在论意义上的宽容就一直存在。换言之，原初并不是用物理时间来衡量的，原初形态的宽容也不仅仅只出现在孩子成长的早期。需要说明的是，在儿童成长早期，确切地说在儿童形成自我意识之前，儿童所表现出来的只有存在论意义上的宽容。而且儿童形成自我意识也没有一个精确的时间点，实际的情况往往是儿童先在某一方面建立了自我意识，而在别的方面尚没有建立，所以儿童从开始建立自我意识到在各个方面初步拥有自我意识也需要经历一段时间，不同的儿童也表现出个体差异。在儿童形成自我意识之后，我们会看到存在论意义上的宽容、伦理学意义上的宽容以及不宽容的并存。接下来我们要分析的宽容原初形态的一般模式和特征，所针对的就是儿童自我意识尚未建立时所呈现出的存在论意义上的宽容。

一、儿童宽容的原初形态的一般模式和特征

通过对儿童宽容的原初状态的描述和分析，我们可以看到其呈现出的一般模式。简而言之，是指儿童自主的，或者在父母的帮助下伴随着适意或不适意的体验，接纳所处世界的意义，与世界和谐同一的过程。接下来我们对这个一般模式的特征逐一进行分析。

(一)空间实存作为主要的意识相关物

在这个过程中，如果要给儿童所处的世界中的人和事物寻找一个统一的名称的话，可以使用胡塞尔的"意识相关物"这个概念。在儿童早期宽容的故事中，我们可以发现这个时期，儿童的意识相关物绝大部分都是空间世界以及在空间世界中的人和事物，如萱萱周围的床栏杆、小玩具、从窗户透进来的阳光，如点点熟悉的小路和不熟悉的阿姨，如皓皓第一次看到的南瓜，如乐乐所好奇和喜爱的石子、水管、花花草草，如天天第一次看到的大海，如跟随着东东的影子，如和闹闹抢玩具的小姑娘。换言之，这个时期儿童主要是为他所能接触到的空间世界及其中的人和事物建构意义，并将之纳入自己的意识。虽

然在前文中没有呈现儿童对于声音、气味、味道等的意义建构和纳入，但从本质上讲，这些也是存在于空间中的，只是它们激活儿童意识的途径不是通过视网膜成像和皮肤感知，而是通过耳膜震动、嗅觉细胞和味蕾的感知来实现的。在这个阶段中，时间、制度性存在、关系、历史以及文化等尚没有成为他的意识相关物。也许我们可以打个比方来使这个意思更明晰，前文已经提到刚刚满月的婴儿的视力在 15 厘米左右，在 15 厘米之内的物体对于婴儿来说是清晰的，之外的物体是越来越模糊的。如果用视力来作比喻的话，也就是说在儿童早期，空间中的实存物在他的意识所能清晰把握的范围之内，除此之外的存在都在他的意识所能清晰把握的范围之外，这些对于他的意识来说只是模糊的背景，或者是离得太远消失在地平线上的未知风景。或者我们也可以借用蒙台梭利对儿童敏感性的分析："这种内在的敏感性使儿童仅仅对某些东西敏感，而对其他东西熟视无睹。当儿童对某些东西敏感的时候，它就像儿童体内射出的一道光线照在特定的东西上，而不照在其他的东西上。"①人是世界上唯一拥有理性的存在，但是儿童的理性不是天生就有的，只是在每个婴儿身上都蕴含着理性的潜能。当儿童来到真实的世界当中，这种潜能就逐渐得以激发，儿童的理性之光就开始照耀在他所能敏感把握的事物上。在儿童原初形态的宽容中，儿童往往对空间实存较为敏感，容易对这些对象

---

① ［意］玛利亚·蒙台梭利：《童年的秘密》，霍力岩译，35 页，北京，光明日报出版社，2013。

建立起意义并将这些意义纳入自己的意识。

（二）适意与不适意作为身体体验

意识活动总是伴随情感，宽容萌芽期所伴随的情感体验主要是身体感官的适意与不适意，以及在此基础上引发的喜欢与不喜欢。胎儿在母亲肚子里的时候，他所处的环境相对来说是舒适安逸的，除非母亲的身体出现什么会影响他的问题，否则他几乎体验不到不适意的感受。第一次强烈的不适体验应该是在分娩的过程中。从母亲的子宫开始有规律的收缩，胎儿开始感受到越来越强有力的挤压，历经数小时，才在抗争和坚持下降临到世界中来，当然迎接他的是一个又一个巨大的差异。虽然经历剧烈的不适，但是孩子从一开始就积极地适应，就像一名勇士。当然当这名勇士逐渐适应了外面的世界之后，在这种崭新的生活方式中他不仅体验到不适，也会体验到适意，在两种体验的交互中孩子开启着原初形态的宽容。

房间里柔和的光线使萱萱感觉很舒服，白色的床栏杆、黄色的小熊、蓝色的小海豚还有红色的小太阳都让她看着很舒服，她喜欢转着脑袋四周看看；妈妈用小车推着点点出去散步的时候，点点可以呼吸到更新鲜的空气，可以看到和家里不一样的景象，还可以感受到微风轻抚脸庞的舒适，点点喜欢出门散步；刚开始看到那么多南瓜的时候，皓皓有点懵了，这让他没有安全感，当他把手放到南瓜上之后感觉到凉凉的很舒服，他喜欢上了这种感觉；当海水突如其来地把天天的腿打湿的时

候，天天被吓了一跳，整个身体一阵紧张，被吓着的感觉总是
不适意的，但是当他被冲倒，坐在海水中时，又感觉到海水暖
暖的很舒服。儿童在将周围的事物纳入自己意识的同时伴随这
些情感体验，这些情感体验也是意义统一体中的一种成分。在
这个时段，有适意和喜欢这样积极的体验，也有不适意、不喜
欢这样的消极体验。当孩子被一只黄色的磨牙棒小鸭子所吸
引，他爬过去，用两只手抓起小鸭子，塞进嘴里，本来牙龈痒
痒的，咬咬小鸭子真舒服啊。这一刻他给予这个磨牙棒小鸭子
的意义是积极的、喜欢的。妈妈切了一半的柠檬也是那么的有
吸引力，孩子拿过来放到自己嘴里，立刻皱起了眉头，这个东
西好难吃啊。这一刻他也给予了柠檬意义，只不过这个意义是
不适意的、不喜欢的，日后不会再把柠檬往嘴巴里放了而已。
当孩子体验到适意、喜欢的时候，他会安稳地酣睡，会饶有兴
趣地左看右看，会尽情地舒展自己的身体，再后来会展现那天
使般迷人的笑容和美妙绝伦的咿咿呀呀。当孩子体验到不适
意、不喜欢的时候，他的小脸会涨红，他会难受地扭动身躯，
会发出饱含着不满的哼哼声，会咧着小嘴大声哭泣以至脸上沾
满泪水和汗水。但无论是适意的还是不适意的，喜欢的还是不
喜欢的，在孩子和世界交往的过程中，每一刻，他都在给予他
所接触到的事物以意义，每一刻他的意识都在变得更加丰富
多彩。

（三）父母角色产生重要影响

对于刚出生的婴儿来说，在情感上最开始他并没有意识到

父母的重要性。只是当他身体感觉到饿了、冷了，或者潮湿了等不舒服的时候，总是有人会带给他食物，会抱着他，会给他换干爽的尿布，让他从不适意状态转为适意的状态。渐渐地，婴儿对照顾自己的人的气味、样貌、声音、抱他的姿势、抚摸他的感觉越来越熟悉，只要照顾自己的人在，就意味着他可以保持舒服的状态。也就是这样婴儿逐渐对照顾自己的人产生了依赖感和安全感。刚出生的婴儿的意识是无限开放的，不管谁来照顾他都可以，但是慢慢地他会分辨出哪种照顾最舒服，他会倾向于得到那种最舒服的照顾。从某种意义上说，在这个过程中，婴儿意识的开放性在降低，他开始对父母的存在有了设定，开始对他所熟悉的环境有了设定。他会期待父母在自己身边，尤其在陌生的环境中，只要父母在身边，他就会有安全感。当然我们这里说的父母并不仅仅指遗传学意义上的父亲和母亲，其实指的是承担起父母角色给予孩子最好照顾的人，这样的人可以是养父母，可以是爷爷奶奶，也可以是请的专门照顾孩子的阿姨。有一个小女孩，她的父母工作异常繁忙，而且母亲也没有母乳，所以就请了一位阿姨专门照顾她。父母白天工作不在家，只有小女孩和阿姨在一起，晚上父母回家晚，也是阿姨哄着小女孩入睡。在小女孩 7 个月大的时候正好赶上春节，阿姨回自己家里过节。从阿姨离开的当天晚上，小女孩父母的噩梦就开始了，无论怎么哄，小女孩就是一直哭闹不肯入睡。后来她的妈妈实在没有办法，就关了灯，找出一件阿姨的衣服穿上，头上再裹上一条阿姨的围巾，抱着小女孩在黑漆漆的房间里踱来踱去，并且小心翼翼地呼吸，一点儿声音也不敢出。小女孩在经历了声嘶力竭的嗷嗷大哭之后，终于感受到了能够让她产生安全感和依赖感的阿姨的气息，逐渐平静下来，睡着了。我们可以看到在现实生活中，实际承担起父母角色的人对孩子价值成长的重要性。

对于逐渐在长大的儿童来说，他一旦对自己所处的环境建立起较为稳定的意义联系，他对这个熟悉的环境的兴趣就开始降低，而新的环境和事物对他有更大的吸引力。但同时，他们对新的环境和事物的接纳实际上要比刚刚来到这个世界上的时候更为困难，所谓的困难是说他需要走出那个他所熟悉的舒适的环境来面对陌生的不确定性。我们可以看到孩子在面对一个新的事物或环境时经常表现出茫然、紧张，如果这个时候把孩子独自放在这个陌生的环境，他会感到孤单害怕。但是在这个时候如果有父母陪伴，实际上是给这个时段的孩子提供了一个安全感的保障。不仅如此，父母一般都会在孩子接触新事物时给予鼓励，做出示范、进行引导，这对于孩子突破已有的舒适境遇去和新的事物和环境交往是非常重要的。

(四)建构意义需要过程

儿童早期对于新的事物和环境的意义建构和纳入需要经历一个过程，这个过程也是儿童与事物、环境遭遇和交往的过程。在最开始的时候，儿童可能是被动的宽容，他没有什么可选择的余地，只能遇到什么，就对什么建立意义，就把这个意义统一体纳入意识。但随着儿童的成长，儿童越来越多地经历主动的宽容，当然这往往是在父母的帮助之下。当皓皓从对南瓜的陌生和害怕转变为愿意摸摸看看，他是在主动地将南瓜这个陌生的事物纳入自己的意识；当爸爸把被海浪冲倒的天天抱起来，但天天却挣扎着要下海，这也是天天主动要将大海这个陌生的事物纳入自己的意识。在这期间，儿童往往会经历从茫然陌生、孤单害怕到愿意尝试和接纳的过程。当然这个过程往往要比我们成人缓慢得多。"我们成人已经获得了关于世界的大量的印象，对外部世界的秩序已经变得麻木不仁。但是儿童对外部世界的感觉印象却很贫乏，他始于一无所有，正是通过自己的努力才创造了一切。儿童只知道不知疲倦地创造，并把我们视为他的继承人。我们成人就像是一个通过辛勤的劳动而富裕起来的人的儿子，我们不理解他在辛勤劳动中所承受的痛苦和艰辛。"①成年人往往会忽视儿童的这份坚持不懈的努力，只是在儿童有了明显的外部表现之后才欣喜称赞，而有谁知道对于孩子来说，一个简单的噘嘴动作，从他第一次看到妈妈做出这个动作，到他明白这个动作的含义，再到他能把这个动作和"噘嘴"这个词对应起来，直到听到妈妈说"宝贝，噘嘴给妈妈看看"，他能不假思索地噘起肉嘟嘟的小嘴，这经历了七个月勤勉地学习。这个过程对于成人来说，太过漫长，但是孩子对每一个意义的建构和接纳实际上都经历了这样漫长的过程。

———————

① ［意］玛利亚·蒙台梭利：《童年的秘密》，霍力岩译，52 页，北京，光明日报出版社，2013。

从这个角度去看，和孩子付出的努力相比，当孩子表现出新的成长和变化时，成人再怎么兴高采烈也是微不足道的。

二、早期家庭教育如何帮助儿童体验原初形态的宽容

处在宽容萌芽期的儿童还比较小，他们绝大多数的时间都是在家庭中度过的，所以这个阶段对他们的成长影响最大的往往是父母。"父兮生我，母兮鞠我。拊我畜我，长我育我。顾我复我，出入腹我。欲报之德，昊天罔极！"这是《诗经·蓼莪》中所描述的父母对孩子的养育关系。所谓养育，不仅有养，而且还有育，换言之，不仅仅是从骨弱筋柔的一尺三寸婴到身强体健的铮铮七尺男，而且还是从嗷嗷待哺目不识丁到及笄弱冠腹有诗书。在父母对孩子的养育中，天然包含着"教育"的成分，父母不仅仅是精心准备食物来"养"孩子的身体，同时"如何教育孩子"也是父母时刻在思考的问题。虽然并不是每一位父母都是专业的教育者，但是这种教育关系从孩子一出生（甚至是怀胎）就开始，这种教育关系意味着为了让孩子更好地成长，父母有意地把自己已经知道的传授给孩子，帮助孩子不断成长。在孩子接触新事物的时候，父母往往都会给予鼓励，做出示范，这就是教育关系的体现。孩子那清澈懵懂的眼神、咿咿呀呀的话语、憨态可掬的表情仿佛有特殊的魔力，时刻都在召唤着父母，让父母感觉到教育孩子是自己不可推卸同时也是乐此不疲的责任。那这个时期父母可以做些什么来促进儿童更好的宽容呢？

(一)给予儿童更多、更适合的机会和世界交往

儿童早期所处的环境不是儿童自己选择的结果，更多是父母所给予的。出生在什么样的家庭，这个家庭中有什么样的物品，家周围的社区是什么样子的，父母会带他去什么地方，在所到之处存在怎样的事物，这些都不是儿童自己决定的，而是取决于父母。所以对于这个阶段的儿童来说，他接触世界的机会是父母给予的，父母给予的机会越多，如为儿童制作准备各种玩具，让儿童跟更多的人接触，带儿童去各种不同的地方，儿童与外部世界中不同事物的接触和交往也就越多，他就会有更多的意义建构和纳入。当然这一切都是在保证儿童身体健康的前提之下，而且这种机会的提供也不是越多越好，而是循序渐进的、有选择性的，选择那些适合这个阶段儿童心理生理特征的机会。比如对于未满月的婴儿来说，要尽可能地减少探视的人数以免婴儿受到更多病菌的侵袭。这段时间父母主要是帮助婴儿对自己家人以及自己家里的环境建构意义。而随着孩子的长大，父母就要给予孩子更多、更合适的机会和世界交往，而不要让儿童长期待在单一的环境中，这样有利于儿童对他所存在于其中的世界进行意义建构和纳入，有利于儿童宽容萌芽的发展。

(二)给予儿童安全感和适度的依赖

由于父母总是尽可能给儿童带来舒适，久而久之，父母就变成安全的象征。只要有父母在的地方儿童就会觉得有安全

感，也正是这种安全感，让儿童产生对于父母的依赖。对于原初形态宽容的产生和发展来说，父母为儿童提供安全感是十分必要的，随着儿童的成长，他需要逐渐地从父母的怀抱中走出来，用自己的双脚踩在地面上来感知这个世界，从自己的家中走出来，去体验外面的世界。在这个过程中，儿童多数情况下都是有父母陪伴的，在遭遇到新事物的时候，因为有父母在身边，不但有这种安全的保障，而且父母往往会鼓励儿童，引导儿童去和新的事物接触，给儿童做出示范，帮助儿童迈出和新事物交往的第一步。但是在观察和访谈中我们也发现有些儿童面对新事物的时候，即使有父母的鼓励和示范，他们也拒绝自己去触碰陌生的东西。这个时候我们就需要考虑孩子是不是对父母依赖过度了。例如，一个两岁的女孩，她除了自己的爸爸妈妈之外从来不主动和别人说话，也不接别人给她的东西，即使是她非常喜欢的食物和玩具，别人给她，她会拉着爸爸或妈妈的手让他们过去接，而不自己伸手去接。这表现出这个女孩对于父母非常依赖，这种依赖使得她不能很好地和新出现的人和事物进行交往。还有一个一岁的男孩让他的母亲也非常困扰。他时时刻刻都要和母亲待在一起，即使是睡觉也必须要母亲搂着，无论睡了多久，只要母亲一起身，他立马就会醒来，一旦发现母亲不在身边就嗷嗷大哭。这个男孩对母亲也产生了过度依赖，只有母亲陪在身边的时候才有安全感，才能较好地做其他事情。否则就会陷入焦虑不适的心理状态之中。所以我们说要给儿童绝对的安全感，同时帮助儿童建立对父母适度的依赖。

　　那如何做到呢？当然这要根据每个儿童不同的性格特点来看，但有一点是需要所有父母注意的，那就是不要给予孩子过度的照顾。举个简单的例子，很多母亲不舍得让孩子一出生就睡婴儿床，而是搂着孩子在大床上睡觉，只要孩子有一点声音母亲就醒来哄哄拍拍，以至于就像前文的男孩那样，离开母亲就不能安睡。母婴同室有利于婴儿安全感的建立，我们也非常理解母亲不舍得与孩子分离的情感。但是作为父母，尤其是母亲需要明确的是从孩子出生那一刻，他就开始独立，他所有的成长和发展都是指向如何更好地独立，唯有这样他才能在这个世界中更好地生存。从母体娩出、自然断乳、自主行走等这些都是孩子独立的一个又一个里程碑，即使父母有再多的不舍，也要克制、收敛。对孩子的过度照顾短时间内满足了父母关爱孩子、表达爱意的强烈心理需求。例如，看到孩子在扭动身体，好像马上要从睡眠中醒来，很多父母都会有一种自然的反应，那就是拍拍孩子、安抚孩子，让他继续睡觉，如果要克制自己不这样做，反而需要一些自控能力。但是过度照顾往往容易造成孩子对父母的过度依赖。就婴儿睡眠的问题来说，我们赞成母婴同室，但是婴儿从小要有自己的小床，而且睡眠是每个人自然的生理需求，原本就不需要哄、不需要抱，除了孩子饿了、尿了要给予必要的照料之外，父母要遵从孩子自然的睡眠需求，不要过多地干扰、过度照顾。

（三）关注儿童情绪，但避免过度保护

在宽容萌芽期的孩子，其情绪变化多是基于适意与不适意的感官感受。最初儿童通过反射性的笑和哭、呼吸节奏的变化、身体的扭动来表达自己的情绪感受，后来儿童通过诱发性的笑和哭以及更丰富的表情、肢体动作、语言来表达自己的感受。适意与不适意是儿童不可避免会体验到的感受，我们不能说适意的体验都是好的，不适意的体验都是坏的，两种体验都伴随在儿童进行意义建构的过程之中，都是意义构成的一部分。作为父母，要关注孩子的情绪变化，清楚孩子所处的状态，在保证孩子身心健康的前提下，让孩子体验和表达适意和不适意的情绪，不能对孩子进行过度的保护。当前很多独生子女家庭，往往出现四个大人甚至六个大人照顾一个孩子的情况，对孩子进行无微不至的照顾和保护，力争排除一切让孩子体验到不适意的情况，保证孩子时刻处在适意的情绪之中。一个典型的现象就是不让孩子哭。哭是孩子与生俱来的语言，也是孩子一种重要的活动方式，孩子自然地哭泣是情绪表达的需要，也可以增加孩子的活动量促进他的身体发育。如果成人过度关注孩子的情绪，想尽一切办法不让孩子哭泣，实际上是抑制了孩子自然的情绪表达，也减少了孩子活动的机会，对孩子的身心成长都是不利的。一位高龄产妇，夫妻二人好不容易才有了孩子，是个男孩。由于这个孩子来之不易，所以全家人都对他倾注了所有的爱。这个男孩给人的第一印象就是胖，3 个月大体重就有 8.5 千克；第二印象就是总是被家人抱着，甚至晚上睡觉也要抱在怀里才能睡，以至于家人晚上轮流坐在沙发上抱他睡觉。造成这种局面的主要原因就是家人从一开始就不舍得让孩子哭泣。孩子只要稍稍表现出吮吸的意愿，家人就会赶紧给他喂奶粉，喂奶间隔较短，导致孩子食量增大，体重超标。还有就是只要孩子一皱眉头，一扭动身体，还没等开始哭家人就会抱起来溜达，原本的运动机会也被剥夺了。卢梭在《爱弥儿》中曾经批判过把婴儿放进摇篮摇动的做法，说婴儿在摇篮里停止哭泣并很快入睡只是被晃晕了而已。其实大人抱着孩子溜达也是同样的道理，孩子被晃晕了，很快睡着了。这样吃得多，运动少，孩子自然就越长越胖。除了体重超标之外，更为关键的是这样的养育方法剥夺了儿童体验不适意的机会，这种非自然的成长环境不利于儿童对自己存在于其中的世界建构全面的意义，在过度保护下儿童依然有原初形态宽容的产生，但是不全面的，是存在缺陷的。

(四)对儿童有足够的耐心

儿童是在世间存在的过程中对所遭遇到的事物进行意义建构的，由于儿童各方面的机能还不成熟，所以对于每一个新事物的意义建构都会经历一个比成年人更为漫长的过程。但儿童有自己的节奏，他们在建构新事物的意义时往往会经历一个从茫然不知所措到小心翼翼地接触，再到充满好奇地探索这样的过程。例如，有的儿童从地上捡起一片树叶可能需要 10 分钟的时间，经历无数次的失败，但是他并没有不耐烦；看花坛中正在浇花的喷头能看半小时，依然看得津津有味。在这个过程中，父母需要注意的是对孩子有足够的耐心，尊重孩子和世界交往的步调和节奏。当然对孩子进行鼓励和引导是必要的，但是这种鼓励和引导一定是温和的、轻柔的，而不能是不耐烦的和急躁的。因为几个月大的孩子就能分辨父母的语气和情绪，温和的话语能让他感到放松、受到鼓励，而急躁不耐烦的话语会让他感到紧张和恐惧。而且父母也不能因为孩子节奏缓慢而为孩子代劳，看到孩子费了九牛二虎之力半天都捡不起一片叶子，有的父母会心里着急代替孩子去捡，而且成人很容易有这样的冲动，很乐意做这样的事情。他们或者认为孩子在这样简单的小事上花费如此多的时间和精力是没有必要的，或者认为自己代替孩子去做是帮了孩子很大的忙。但是这里我们需要表明这种方式是不可取的。孩子对事物的意义建构需要过程，成人不分时机地慷慨"帮忙"实质上是干扰、打断了孩子的这一过程。"没有意识到儿童这种神秘工作的成人可能会让儿童最初形成的心智模式一笔勾销，就像海水冲上了沙滩卷走了用泥沙堆成的城堡一样，因此那些在沙滩上堆沙雕的人必须一次一次地重来。"①因此父母要有足够的耐心尊重孩子和世界交往的方式，不能剥夺孩子以自己的方式和世界交往的机会。

　　这一章所探讨的宽容的原初形态并不是伦理学意义上的宽

---

　　① ［意］玛利亚·蒙台梭利：《童年的秘密》，霍力岩译，54页，北京，光明日报出版社，2013。

容，因为它尚不涉及人和人之间的道德和伦理关系，而是存在论意义上的宽容，它涉及人如何在世界中存在、如何建构意义的问题。存在论意义上的宽容是从更原初、更广阔的视角去探究宽容的原初形态，即从儿童早期原初意识、身体对于他所遭遇的世界和世界中的人和事物的意义建构、意识纳入这个层面来理解宽容的最初产生机制。这里的"宽"我们可以取其原意，广泛的，不设限的，开放的；这里的"容"，即身心的接受容纳。这种广泛的不设限的对世界的接受和容纳是儿童的意识能够不断丰富和完善的前提，也是日后宽容的前提。在这个时段，儿童的自我意识正在从无到有地逐渐建立，从最开始尚不能对自己的小手和玩具进行区分到知道自己身体的整体存在；从和外在世界物我不分，到逐渐意识到世界之于自身的外在。在儿童的自我意识建立之前，儿童对于世界的意义建构和意识纳入是儿童在形成自我意识之后能够宽容的前提，在这个意义上，我们把这种存在论意义上的宽容称之为宽容的原初形态，它为儿童日后形成伦理学意义上的宽容提供了可能性。

第二章
儿童不宽容的流露

第一章讨论了宽容的原初形态，从存在论的意义上分析了宽容何以可能的原发机制。如果说儿童意识的意义建构和纳入、身体与世界的浑然同一是原初形态的宽容，这貌似没有给不宽容留出余地。但价值往往都是成对出现的概念，有宽容，相对的就存在不宽容，之所以倡导宽容，就是因为存在太多不必要的不宽容。那不宽容是怎么产生的呢？存在论意义上的宽容和不宽容的产生之间有怎样的关系呢？不宽容的存在和伦理学意义上的宽容有怎样的关系呢？这些是这章要讨论的问题。

第一节　儿童不宽容的表现形式

在儿童成长的过程中，我们可以发现很多儿童不宽容的现象。这些不宽容的现象在各年龄段的儿童身上都能看到，不过年龄较小的儿童表现得比较直接，年龄稍大一点的儿童由于知道不宽容往往被别人认为是不好的，所以他们的不宽容表现得比较委婉。接下来要呈现的儿童不宽容的情境都是在年龄较小的儿童身上发生的。

一、独自拥有"我的"食物和衣服

儿童早期的不宽容往往表现为不允许别人分享他喜欢吃的食物，以及不允许别人穿他的衣服。在与有小孩儿的朋友的日常交往中，我们很容易获得这样的故事。雯雯是一个快满 2 岁的小姑娘，发生在雯雯身上的关于"燕麦圈"的事情引起了雯雯妈妈的思考。

为了给雯雯补充维生素 B，妈妈给她买了燕麦圈。没想到雯雯很喜欢吃，但是吃了燕麦圈就不好好吃饭。为了让雯雯好好吃饭，妈妈就把燕麦圈收起来了。今天雯雯吃饭好，作为奖励，妈妈就盛了一点儿给她。爸爸看到了，刚要拿一个吃，雯雯用两只小手护着小碗说："不要，不要，不要。"爸爸倒是惯着宝贝女儿，说不让吃，就不吃了。妈妈想："这小孩，怎么开始吃独食了呢？可不能让她这么自私啊。"妈妈故意不看她，说："妈妈吃一个啊！"一边说一边迅速拿了一个放到嘴里，雯雯又气又急，指着妈妈的嘴巴，哭了。

对于即将 2 岁的雯雯来说，她显然已经将她小碗里的燕麦圈划入了"我的"这个范围之内，不是所有的燕麦圈，只是妈妈倒进她小碗里的那些。她独自拥有这些燕麦圈，不允许别人吃，哪怕是爸爸妈妈也不行。爸爸的行为在某种程度上强化了雯雯的这种意识，只要她禁止，别人真的不能吃。但是接下来妈妈的做法打破了雯雯的规则，而且让雯雯措手不及，燕麦圈已经被妈妈放进嘴巴里了，这是雯雯不能接受的，所以她又气又急地哭了。这是在儿童的成长中经常能看到的事情。对于食物，尤其是放到孩子餐具中的，或手中的他喜欢的食物，他会非常迅速地建立对这些食物的拥有关系，这种关系意味着这些食物是我的，只有我才能吃，如果别人要吃，需要经过我的同意。除非我不再喜欢吃了，别人才可以碰。在这样的事件中所表现出的是儿童对于食物的拥有关系的建立以及对于想要分享食物的他人的不宽容，就是俗称的"吃独食"。

除了"吃独食"，儿童往往对自己的衣服，以及自己的各种物品也很在意。很多儿童都不允许别的小朋友穿他的衣服，或者戴他的帽子，或者坐他的婴儿车等。这些物品如果就是放在那里，儿童不会表示出对它们特别的关注，但是一旦给别的小朋友用的时候，儿童会立即表明"那是我的"，言外之意是"你不能用"。

妈妈抱着诗诗到琳琳家玩，两个小孩儿差不多大，经常一起玩。要回家的时候外边有点起风，琳琳妈看诗诗没戴帽子，就顺手拿了一顶琳琳的帽子给诗诗戴。琳琳看到了，立马很着急地跟妈妈说："那是我的帽子！"妈妈说："借给诗诗戴一下，外面起风了。"琳琳根本听不进妈妈的话，喊着说："那是我的帽子，我要戴！"

通过琳琳的行为我们可以看到，儿童不仅对于食物，而且对于被他划入"我的"这个范围的一切都有较强的独自占有欲，如他的帽子、衣服、玩具等。相对于食物而言，这些日常的用品更加外围一点，但是儿童一样把它们划入界限之内。琳琳本来没想戴帽子，但是当看到妈妈把自己的帽子给诗诗戴的时候，她立马强调那是她的帽子，而且以马上就要戴来表明自己对于这顶帽子的占有。如果妈妈取来一顶琳琳没见过的新的帽子送给诗诗，琳琳应该就没有什么反应。因为她尚没有把它纳入"我的"这个范围之内，而且她也没有"我们的"这个观念，那些没有被她划入"我的"这个范围的家里的其他东西她是不在意的。除了食物之外，儿童对那些企图分享"我的"衣服、玩具等物品的行为也是不宽容的。

二、独自占有"亲密他人"

儿童的不宽容还表现为对于"亲密他人"的独自占有。儿童认为和他关系亲密的人是属于他的，别人不能和这个人建立亲密关系。接下来这个故事就是儿童独自占有"亲密他人"的典型表现。

熙熙爸爸刚从外地工作回来，熙熙躲在妈妈怀里，怯生生地看着他。无论爸妈怎么劝说，她都不叫爸爸，更不用说让爸爸抱抱了。爸爸把手搭到妈妈身上，熙熙皱着眉头用力地把爸爸的手推开。爸爸又搭上去，熙熙再次推开。爸爸又搭上去，这次熙熙无论怎么用力都推不开。熙熙小脸憋得红红的，眼泪在眼圈里打转儿，不顾一切地朝爸爸的手咬去。

爸爸长时间不在家，熙熙只和妈妈建立了亲密信任的关系。在熙熙眼中爸爸就是一个陌生人，他对于闯进家里的陌生人很是排斥。而且这个人把手搭在妈妈身上，这触犯了熙熙的界限。因为妈妈是属于熙熙的，而且仅仅属于熙熙。这个人不能碰妈妈，所以他把这个人的手推开，以保护和维持他对妈妈的拥有。这个人再次把手搭上去，他就再推开。当他无论怎么用力都推不开的时候，他感觉到自己对妈妈的独自拥有受到了侵犯，他不能容忍，所以特别生气，情急之下朝爸爸的手咬去。在这个事情当中，熙熙的不宽容不是在食物或者其他物品方面，而是在于关系亲密的人。当然大多数的家庭，孩子都会与经常在一起的父母、祖父母建立亲密关系，进而形成"拥有"的观念。熙熙这个例子比较特别，由于父亲长期在外地工作，他只和妈妈建立了这种关系。在儿童的心目中，和他建立亲密关系的人是属于他的，别人不能再和这个人表现出亲密关系。和以上这个事情比较相似的是当妈妈在自己的孩子面前抱着别的小孩时，自己的孩子往往是不允许的，他会使尽浑身解数去重新占领妈妈的怀抱，原因就是"妈妈是我的"。

在儿童的意识中，这个和自己建立了亲密关系的人就是属于自己的，别人不能再和这个人建立亲密关系。除了对"亲密他人"的占有之外，儿童对于"亲密他人"的物品也十分关注，不允许别人使用和占有。下面的这个故事很清晰地表明了这一点。

小姨来了，菁菁本来玩得好好的。但是小姨一进来，菁菁突然开始哭，还用小手指着小姨脚的方向。小姨看了半天也不知道菁菁为什么哭。妈妈笑笑说："是因为你穿了我的拖鞋。"小姨将信将疑地把鞋换了下来，菁菁果然不哭了。

在拥有"亲密他人"的基础上，儿童往往还进一步把他的势力范围扩大到包含这个亲密他人的物品。菁菁就是一个比较典型的例子。拖鞋是妈妈的，妈妈是菁菁的，所以菁菁对于拖鞋有特殊的权利，她不允许别人穿妈妈的拖鞋。处在这个阶段的她还不能理解小姨和妈妈之间也存在亲密的姐妹关系，不能理解妈妈还可以和别人建立亲密关系。在她的意识中，妈妈是她的，只能和她有亲密关系，妈妈的物品是不允许别人碰的。换言之，对于试图使用或分享儿童亲密他人的物品的行为往往是儿童所不能宽容的。

三、对"我的"范围进行精细划分

前文所涉及的儿童的食物、衣服、亲密他人，以及亲密他人的物品都被儿童划入"我的"这个范围之内。儿童仿佛有这样一个简单的逻辑：这些是"我的"，所以别人不能分享。随着儿童的成长，"我的"这个范围也在发生着变化。这种变化主要表现在两个方面，一方面是"我的"范围逐渐扩大，一些原来没有被儿童认为属于他的东西渐渐被他划入"我的"这个范围。例如，儿童不仅仅是对他自己的食物、衣服和亲密他人很在意，也开始关注家庭里的物品，这一点比较容易理解。另一方面是儿童开始对"我的"范围进行更为精细的划分，也就是说儿童在"我的"范围内部进一步做出了远近亲疏的排列。从下面这个故事我们可以看到儿童的这种划分。

阿姨打电话给约翰妈，说一会儿抱着小妹妹到家里来找约翰玩。妈妈挂了电话告诉约翰小妹妹要来。约翰嗯了一声，然后就一溜烟儿地跑到玩具房，把一些玩具收了起来，留了一些在外面。妈妈问约翰："你这是干什么？"约翰眨了眨眼睛说："小妹妹太小，这些玩具她不能玩，太危险了。"妈妈笑着说："真的是这样的吗？"约翰没有回答，笑着跑开了。其实妈妈知道，约翰是把自己喜欢的玩具都藏起来了。

年龄比较小的儿童对"我的"这个界限的划分是粗线条的、模糊的，但是随着年龄的增长，他会对"我的"这个范围进行更为精细的划分，就像约翰这样把自己的玩具划分成允许他人分享的和不允许他人分享的。这种现象的出现一方面是随着儿童意识的完善，他能够对属于自己的物品做出更为清晰的喜好排序。对于自己特别喜欢的，一般情况下不允许别人分享，对于不是那么喜欢的，则允许别人分享。另一方面就是家长的教育，家长一般都会教育孩子要懂得和别人分享，还会说愿意分享的孩子才是好孩子，但是这和儿童原本的意愿不同。为了既能成为好孩子，又不是那么违背自己的意愿，儿童对"我的"这个范围进行进一步的划分，在大圆中又画出了一个小圆，小圆内的不容别人分享，小圆外大圆内的允许别人分享。而且这个阶段的儿童还会为自己的做法找一个自认为合理的理由，比如像约翰说的"小妹妹太小，这些玩具她不能玩"，还有类似的"这是男孩子的玩具，女孩子不能玩""这些玩具快要坏了"，等等。

四、不容许别人违背"我的"想法

前文所呈现的不宽容的故事都是儿童不允许别人分享属于他的物品和"亲密他人"。除了这种不宽容之外，当别人违背儿童的想法时，儿童也会表现出不宽容。下面这个故事所呈现的就是这种不宽容。

诺诺这些日子迷上了在一次性纸杯上画画。她叫姐姐和她一起画，还像模像样地教姐姐怎么画：要先沿着纸杯口和底的位置各画一个圈，然后再在这两个圈之间涂满颜色。姐姐显然觉得这样画不好看，她按照自己的想法画了小草和小花。诺诺看了说："姐姐，不是这样画，是要像我这样画才对。"姐姐说："像我这样画才好看。"诺诺拿过姐姐的纸杯看了看，然后套在自己的纸杯里，又给姐姐一个新的，说："重新画，要像我这么画才好看。"

和前面的例子相比，诺诺的不宽容不是对那些试图分享属于她的物品的行为的不宽容，而是对于和自己的想法不同的他人的想法和行为的不宽容。对于怎么画杯子好看，诺诺和姐姐有不同的想法，自然也有不同的做法。但是诺诺认为自己的想法才是对的。她对姐姐的想法和做法不宽容，认为姐姐要像自己那样想、那样画才对。而且她觉得自己有权利让姐姐服从她的想法，所以她把姐姐的杯子"没收"了，并给姐姐一个新的杯子重新画。

通过以上的描述和分析，我们可以看出在儿童的成长过程中表现出来的不宽容主要分为两种情况。第一种情况：那些被儿童认为是"我的"的界限内的物和人，如果别人要使用或分享，儿童对此不宽容。儿童不宽容的表现主要是语言上的声明和禁止、行为上的保护和反击，如雯雯的燕麦圈、琳琳的帽子、熙熙的妈妈和约翰喜欢的玩具。在这种情况中还存在范围的扩大，即儿童在将某个人划入"我的"这个范围的同时，还将他所能意识到的这个人的拥有物也划入了自己的范围，如菁菁妈妈的鞋子。第二种情况：那些被儿童认为是"我的"的这个范围内的想法和行为，如果别人没有遵循，儿童对此也不宽容。儿童不宽容的表现主要是通过表述自己的想法，示范自己的行为，标榜自己的想法和行为是对的，来让别人遵循自己的想法，如诺诺"没收"了姐姐的纸杯让姐姐按照她的想法画画。这两种情况表面上看一个是对于使用和分享的不宽容，一个是对不使用和不分享的不宽容，貌似存在矛盾，但是实际上是一致的，后者可以涵盖前者。其实在第一种情况中，表面上看是儿童对于别人使用和分享物品的不宽容，但背后隐藏的是儿童认为"别人不能使用和分享属于他的东西"的这种想法，正是在他人没有遵循儿童这个想法的时候，儿童的不宽容才会表现出来。

第二节　儿童的不宽容是如何发生的

随着儿童的成长，随着他一次又一次发现他的小手、小脚、小腿乃至整个身体总是跟随着他，发现当他用他的小手去抓总是跟随着他的小脚和去抓一个小朋友的小脚会有不同的感觉，发现当把小手塞到嘴巴里和把磨牙棒玩具塞到嘴巴里会有不同的感觉，逐渐地，他建立起身体的意识。他还发现他总是用同一个奶瓶、同一个小碗，总是穿那几件衣服，总是坐同一个小推车，逐渐地他知道那些东西是属于他的。他还发现爸妈一遍又一遍用一个名字来称呼他，发现在他的小手、小脚、小嘴巴和小鼻子前都可以加上这个名字，发现在他的奶瓶、小勺、衣服、帽子、推车和玩具前也都可以加上这个名字，他逐渐将名字，将这一切和自己的身体紧密地联系起来，正是在这样的过程中，儿童逐渐产生了自我意识。尽管这个时候他可能还不能正确使用"我""我的"这些具有指代意义的词汇，但是在他的意识中已经开始出现一个模模糊糊的不太稳定的界限，在界限之内的是"我""我的"，在界限之外的则不是。如果有人侵犯了这个界限，儿童往往会表现出不宽容。换言之，自我意识的形成和觉醒是不宽容产生的前提。

"自我意识"是一个非常重要的哲学概念。虽然笛卡尔（René Descartes）没有直接使用"自我意识"这个名词，但是"笛卡尔在人类思想史上第一次确证了哲学自我的实在性，这标志着自我意识在西方哲学中的真正觉醒"①，"我思的真正含义是自我意识，用笛卡尔的话说，就是在我们之内，以致我们直接意识到的一切东西"②。对自我意识着墨最多的是黑格尔（Georg Wilhelm Friedrich Hegel），"意识的真理是自我意识，而后者是前者的根据，所以在实存中一切对于一个别的对象的意识就都是自我意识；我知道对象是我的对象（它是我的表象），因而我在对象里知道我"③。邓晓芒曾对黑格尔的自我意识做过以下分析，"自我意识并不是和意识（对对象的意识，亦称对象意识）不同的另一种意识，而就是对象意识的本质或'真理'，在任何一个（对象）意识中就已经隐含着自我意识了，只是还未展露出来而已。但展露出来是必然的，只是需要经历一个过程；这个过程表面上似乎是向外扩展，本质上却是向内深入"④。以上这些都是从广义上对自我意识的理解：自我意识和意识同义，自我意识就是意识。除了对自我意识的广义理解之外，我们还可以从狭义上来理解自我意识。自我意识是对"自我"的意识，是对"自我"这样一个意义统一体的意识。在本章中所说的儿童自我意识的觉醒所采用的就是这种狭义上的理解。儿童对"自我"这样一个意义统一体的意识是如何建立的，儿童的自我意识是如何觉醒的？这首先要谈到儿童的身体。

---

① 李美辉：《自我意识在西方哲学史上的发展历程》，载《北方论丛》，2005(4)。

② 周晓亮：《自我意识、心身关系、人与机器——试论笛卡尔的心灵哲学思想》，载《自然辩证法通讯》，2005(4)。

③ ［德］黑格尔：《精神哲学》，杨祖陶译，219页，北京，人民出版社，2006。

④ 邓晓芒：《黑格尔〈精神现象学〉中的自我意识溯源》，载《哲学研究》，2011(8)。

一、身体图式及其延伸

对于儿童来说，身体始终以一种恒常的方式与儿童同在，当然对于成年人也是一样。"它始终贴近我，始终为我而存在，就是说它不是真正地在我面前，我不能在我的注视下展现它，它留在我的所有知觉的边缘，它和我在一起。"①正是因为它不是真正地出现在我们的面前，所以在最开始的时候，儿童并没有意识到自己身体的存在。这就是为什么婴儿在最初的抓握尝试中不注视自己的手，而是注视物体——身体的各个部分只有在他们的功能发挥中才能被认识，它们之间的协调不是习得的。②但对于成年人，情况则非常不同，一位优雅的女士正在轻轻地搅拌着她的咖啡，但实际上她所在意的并不是咖啡，而是着意于她正拿着咖啡匙的手是多么的美丽。成年人早已建立了对自己身体的意识，他们时时刻刻知道身体伴随着自己。但是当身体形态出现比较明显的变化时，即使是成年人也需要一段时间来适应自己的身体。比如女性在怀孕期间，尤其是孕中期肚子开始快速增大的时候，往往不能准确地估计自己距离餐桌、写字台、洗脸台的距离，很容易会碰到隆起明显的肚子。经过一段时间的适应之后，这样的情况才会很少发生。也就是说即使是对成年人来说，要形成对自己身体的意识也是需要时间的。对于儿童来说更是如此。

---

① ［法］莫里斯·梅洛-庞蒂：《知觉现象学》，姜志辉译，126 页，北京，商务印书馆，2005。

② 同上书，197 页。

　　伴随着与外界的接触和交往，儿童逐渐发现自己的小手、小脚等各个身体部分都属于同一个身体，无论做什么事情这整个身体都参与其中。梅洛-庞蒂把这个统一的身体称为"身体图式"。"'身体图式'是一种表示我的身体在世界上存在的方式。"①时刻伴随着儿童的身体就是儿童的身体图式，虽然儿童在最开始并没有意识到它的存在，他的整个身体自然而然地朝向他的任务，比如一个引起他注意的玩具熊。他的眼睛中只有那个玩具熊，而没有意识到自己伸出去的手臂，"我的身体被它的任务吸引，是因为我的身体朝向它的任务存在，是因为我的身体缩成一团以便达到它的目的"②。但是当儿童伸出去的手臂够不到那个玩具熊的时候，儿童就会意识到自己的手臂，进而意识到手臂不是单独存在的，而是身体的一部分，进而意识到作为整体的身体的存在，他会通过改变身体的位置来接近自己的目标。正是在多次这样的经历中，儿童从偶然地注意自己的身体到形成对自己身体的意识，再到习惯有身体伴随这样一种存在方式。

　　儿童不是孤立的存在，儿童的身体不是赤裸的存在，儿童是在人类文化之中存在的，或者说儿童本身就是文化的存在。父母对孩子的爱虽然有本能的成分，但一个很大的不同在于父母是以充盈着人类文化的心灵来爱这个孩子，这种爱又蕴含在

---

　　①　[法]莫里斯·梅洛-庞蒂：《知觉现象学》，姜志辉译，138页，北京，商务印书馆，2005。

　　②　同上书，138页。

父母的每一个眼神中，每一次抚摸中，每一句话语中。有文化的存在还表现在和儿童相关的一切事物都是文化的产物，如儿童的衣服、小床、被子、玩具等。就像身体伴随着儿童一样，人类文化也伴随着儿童。如果说身体图式是儿童最初的习惯，那么这些经常出现在儿童周围的人类文化的产物就构成儿童新的习惯，如儿童日常的用品、食物和与儿童有亲密关系的人、与儿童有亲密关系的人的用品等。这些在儿童的意识中不是作为外在的事物存在的，而是他的"身体图式"的拓展和延伸，是他的身体的一部分。就像习惯自己的身体一样，儿童习惯了这些经常的存在。

二、自我指代语词的习得

身体图式这种朝向任务的、在世界中的整体存在不是默默无闻的，而是时刻在表达着自己与世界的实存联系。说到表达，我们往往会自然地想到语言。在梅洛-庞蒂看来，语言最早是作为身体动作这种前语言的表达存在的。我们都知道婴儿并不是一出生就拥有语言，而是在生活中逐渐习得了某种语言，但是婴儿从一出生就一直在通过身体动作进行表达。"婴儿在最初的哭喊中开始了与世界最初的实存联系，一种存在的风格或样式在这种第一次的哭喊、伸手、蹬腿的动作中开始形成。或许这种哭喊、伸手、蹬腿的动作本身，对于我们而言尚不具有任何语言的意义，然而对于婴儿来说，这却已是他/她朝向世界最初的实存联系。"①逐渐地，孩子会从无意识发出咿呀之声，到有意识地把某种发音和某个特定的事物相联系，到开始模仿他听到的声音，再到偶尔说出成人使用的词汇，在这个过程中孩子逐渐学会了使用他所处的那个文化传统中的语言。

在儿童自我意识的产生过程中，语言发挥了很大的作用。儿童不是在产生了自我意识之后，才会使用指代自我的词语，毋宁说儿童是在使用这些词语的过程之中，实现了、建立了对自我的意识。"在成为真正的我（'我的我'）之前，似乎有一个沉默的主体在下面，'我'在成为'我的我'之前，是一种无人称的'一己'。第一人称的我能够成为真正意义的具名的人格主体，并不是一件自然而然的事情，或者说，并不是一种先天的能力，而是要在一段体验的历程中才得以实现的。"②而这一段体验的历程就是开口去说的过程，换言之，儿童是在"我说"这种身体动作表达中逐渐建立了自我意识。

有经验的父母都会发现儿童在学会准确使用"我""我的"这些包含人称的词汇之前，他们较早掌握的是自己的名字。他可能不会说"我"要吃葡萄，但是他会说"豆豆"要吃葡萄（当然可能最早只是说"吃葡萄""葡萄"），他可能不会说"我的"帽子，但是他会说"豆豆"的帽子。这当然和父母与孩子的交往方式有

---

① 宁晓萌：《表达与存在：梅洛-庞蒂现象学研究》，129 页，北京，北京大学出版社，2013。

② 同上书，85～86 页。

关，在孩子出生不久，甚至在孩子出生之前，父母就会给孩子取一个名字。出于对孩子的爱、期待、骄傲、欣慰等丰富且美好的原因，父母会不厌其烦地重复这个名字，这个名字在父母眼里是最美的文字，这个名字在父母耳朵里是最甜的声音。经过不知多少次的重复，孩子熟悉了这个名字，学会了模仿这个名字的发音，并逐渐发现这个名字就是指自己。当妈妈说"豆豆，来喝奶"的时候，妈妈会把奶嘴放进孩子的嘴巴里，当妈妈说"豆豆，来戴上帽子"的时候，妈妈会把帽子戴到孩子的脑袋上。儿童发现这个名字总是和自己相关，这个名字就可以指自己。在儿童语言学习的过程中，模仿发挥着非常重要的作用。儿童最先通过模仿父母用这个名字来指代自己，通过模仿父母把与自己相关的东西和这个名字联系在一起，逐渐地，儿童主动地用这个名字指代自己，并在自己的名字后面加上那些和自己联系紧密的东西。后来儿童才逐渐知道如何使用"我"这个词，从使用自己的名字过渡到使用"我"，在某些需要特殊强调的情景下儿童依然会使用名字来指代自己。听到自己的名字，理解这个名字指代自己，模仿使用这个名字，主动使用这个名字，使用代词"我"，这个语言习得的过程，也是儿童自我意识形成的过程。当儿童用"这是豆豆的""这是我的"这样的句子时，既是在表达他的自我意识，同时也是在强化他的自我意识。

三、习惯适应与受挫

儿童对身体图式及其延伸，对与自我指代性词语经常联系的事物产生了习惯。很多时候儿童并不是在先主动地发现了自己身体的常在，也不是在先主动地将自我指代词语所跟随的事物划入"我的"范围之内。准确地说是在"习惯"受挫后才"发现"、才"划入"的，是在和外界交往的不同际遇中，尤其是当他的意图没有得到满足的时候，才发现自己的身体，才将通常和他名字连在一起的东西划入"我的"范围之内。就像他伸手去拿那个小熊玩具，他眼睛盯着那个玩具，尽可能地把胳膊伸长，手做出抓握的动作，但还是没有够到，当他的胳膊放下的瞬间，他意识到自己的手和小熊之间存在距离。他也许会再次伸手努力尝试，或者往前爬两步再伸手去拿，正是在一次又一次这样的过程中，在"习惯"受挫的过程中，儿童发现了自己的身体。如果他轻而易举地拿到了小熊玩具，他的全部注意力都在玩具上，才不会注意到自己的手和身体。当然还存在另一种情况，那就是他的身体感到不适，如饿了、冷了、热了、痛了、潮湿了、身体活动受到限制了。其实从广义上说也可以归入"习惯"受挫之中，但是不同之处在于是身体自身出现了与自己所习惯的身体状态不同的情况。对于身体的发现不是使得儿童远离自己的身体，而是使他越来越习惯于自己的身体，不管是有意识的，还是无意识的。"至于身体，它是最初的习惯，决定其他所有习惯的习惯，其他所有的习惯是通过最初的习惯被理解的。"①无论儿童是否清晰地意识到身体这种特殊的存在，至少

---

① ［法］莫里斯·梅洛-庞蒂：《知觉现象学》，姜志辉译，127 页，北京，商务印书馆，2005。

他习惯于自己的身体。身体给予儿童一个定位，给予儿童一个观看世界的位置，而且"我的身体是所有物体的共通结构，至少对被感知的世界而言，我的身体是我的'理解力'的一般工具"①。

同样的道理，对于身体之外的经常伴随在儿童身边的人和事物，经常和儿童的名字连在一起的人和事物，它们实际上已经成为儿童延伸了的身体图式的构成部分。儿童习惯了这些东西的常在和陪伴。如果一切都如儿童所习惯的那样存在，儿童并不会对这些有特别的在意，但是如果这些"习惯"受挫，比如别人吃了儿童的食物，戴了儿童的帽子，占了妈妈的怀抱这个位置等，儿童感觉到"习惯"受挫，感觉到自己"身体"（扩展了身体）的不完整，这个时候，自我意识就显现出来。

蒙台梭利在《童年的秘密》中谈到儿童从出生到 5 岁左右要经历一个漫长的敏感期，其中包括对环境秩序和内部秩序的敏感。如果一个孩子所熟悉和接纳的环境秩序和内部秩序发生改变，孩子就会有焦虑、哭闹的情绪反应，甚至于还会出现惊厥、发烧、呕吐等病理性反应。其中她举了一个几个月大的小女孩因为一把雨伞被放错了地方而哭闹的例子，还有一个小男孩因为在旅途中被父母放在大床上睡觉而生病的例子等。蒙台梭利所描述的情况，用我们这里说到的习惯适应与受挫也可以进行很好的解释。儿童从最开始和世界不分彼此融为一体，到

① ［法］莫里斯·梅洛-庞蒂：《知觉现象学》，姜志辉译，300 页，北京，商务印书馆，2005。

逐渐产生自我意识能够划出"自我"和"他者"的界线，这整个的过程都是在与环境交往中实现的，在交往中儿童实现了对他所处世界的意义建构，也是在整体的意义建构中他给自己的身体一个定位，形成自我意识。这一切就成为"我的"世界、"我的"习惯。对于儿童来说，自我意识往往是被动呈现出来的，是一种在危机中激发出来的意识状态。它产生的瞬间，划出了一条界线，叫作"这是我的"。随着自我意识的觉醒，儿童就会采取行动来维持自己的习惯，维持自己身体图式的完整性，不宽容也就随之产生了。

第三节　儿童宽容的原初形态与不宽容的关系

随着自我意识的觉醒，儿童开始流露出不宽容。那这个自我意识和第一章所讨论的赤子之心有怎样的关系？儿童不宽容的产生和上一章所讲的存在论意义上的宽容有怎样的关系？究竟该如何理解？这些问题是需要解释的。

一、赤子之心与自我意识

赤子之心指婴儿具有无限开放性和可能性的能动的原初意识。从婴儿来到这个世界上那一刻起，这个原初意识主动、被动地接触到现实之物。在这种接触和遭遇中，原初意识给予现实之物意义，进而将意义纳入意识之中。在这个过程中原初意识中的很多可能性转变为现实性，比如说婴儿的第一件衣服可以是各种各样的，棉质的、绒质的、丝质的，各种样式各种颜色，婴儿对第一件衣服的意识也可以是各种各样充满无限可能的。但是当护士阿姨拿出一件白底小黄点的棉质系带衫铺在床上，再把刚洗完澡的小宝宝放在小棉衫上，并娴熟地给他穿上的时候，婴儿对第一件衣服的意识从无限的可能性变成了对他刚刚穿上的这件系带衫的现实的体验。就和第一件衣服一样，儿童在来到这个世界之后，原初意识的可能性逐渐地变为现实性，同时也产生出新的可能性。对这个婴儿来说，原初意识变成对白底黄点的棉质小衫有体验的，正躺在白色床单上的这个小孩的意识。

儿童的自我意识就是在这样一些可能性转变为现实性，同时又生发出新的可能性的过程中逐渐建立起来的。儿童体验到现实的身体的存在，这个现实的身体伴随着他在现实的环境中接触到现实的人和事物。对于像自己的身体、自己的食物、衣物、其他日常用品、父母以及父母的物品这些儿童经常接触到的人和事物，儿童会自然而然形成一种习惯，这种习惯就是认为这些东西是"我的"。这种习惯是悄悄形成的，无论是儿童还是父母在它表现出来之前或许都没有觉察，但是当有别人试图分享或使用这些东西的时候，儿童会体验到这种习惯的被冒犯，他会表达出他对于这些东西的拥有，无论儿童以什么方式表达，这都是自我意识的觉醒，不是形成，而是觉醒。自我意识觉醒之后，儿童才会发现自己的自我意识，主动地把握、表达、强化和调整自我意识。

总之，赤子之心指的是儿童的原初意识，自我意识指的是儿童对"自我"的意识。原初意识是自我意识产生的前提，自我意识是儿童对现实存在着的"我"的意识。

二、宽容的原初形态与不宽容的产生

在儿童自我意识的发展过程中有一个非常重要的环节，那就是儿童对身体图式习惯性的体验。在儿童尚未形成这种习惯性体验之前，可以说儿童的自我意识尚未产生，在儿童形成这种习惯性体验之时和之后，自我意识才开始产生，并在习惯受挫后觉醒。这也涉及对儿童早期所表现出来的宽容和不宽容的理解。

需要说明的是，在第一章我们分析的儿童存在论意义的宽容，是使得宽容得以产生的那个东西。具体来说指的是在儿童的原初意识对于所遭遇的世界中的一切的意义给予和对意义统一体的纳入。这个时候儿童尚未形成对身体图式（扩大了的身体图式）的习惯性体验，所以对于所接触到的一切，按照他所能体验到的程度，建构意义，纳入意识。虽然在这个过程中伴随着适意、不适意，但这并不影响原初意识建构意义。只不过是对某些意义统一体的纳入伴随着适意的感受，对某些意义统一体的纳入伴随着不适意的感受而已。所以宽容的原初形态所涉及的是意义纳入意识这个层面，原初意识是宽容的，对所有意义统一体开放。

在儿童早期的成长过程中所表现出的不宽容所涉及的不是

意义纳入意识这个层面，而是伴随自我意识的觉醒而产生的主体性特权对于冒犯儿童身体图式习惯的行为和关系不允许、不接纳。虽然这些行为和关系会让儿童体验到被冒犯、紧张、担忧等消极的感受，但这也正表明儿童给予了这些行为和关系以意义，这些意义也被纳入了儿童的意识。在儿童的自我意识尚未产生的时候，儿童对于给他带来消极体验的东西是一种逃避的状态，当妈妈把他不喜欢吃的东西放到他的嘴边的时候，他会闭着嘴巴将脑袋转向一边。而在儿童的自我意识产生之后，如果感觉到他的自我受到侵犯，他所表现出来的往往不是被动地逃避，而是主动行使他自己赋予自己的主体性特权对这些行为说"不"，就像雯雯不让爸爸吃燕麦圈；或者直接通过行动来阻止这些行为的产生，就像熙熙把爸爸的手从妈妈身上推开。儿童的这种不宽容不是不对事物和行为建构意义，他依然建构了对它们的存在的意义，而是在建构了意义之后，要阻止这些行为的发生。所以，在儿童成长过程中表现出来的儿童宽容的原初形态和不宽容这两者并不矛盾。宽容的原初形态是指儿童早期对于所接触到的外界人和事物的意义建构和意识纳入过程，之所以称之为原初形态，就是为了表明这不是真正意义上的宽容，而是宽容能够产生的前提机制。原初形态并不是指低级，而是表明原初，表明提供着生长的动力并伴随这个生长过程始终。原初形态的宽容不仅在儿童日后的宽容中发挥作用，在不宽容中，就像前文所论述的，这种原初形态的宽容依然发挥着作用。或者可以说，只要儿童的意识健全存在，原初形态的宽容就始终发挥着作用。

第四节　儿童早期的不宽容对儿童成长的意义

通过分析我们可以看出这个时期儿童的不宽容的内涵是在自我意识觉醒之后，对于那些试图分享或使用被儿童体验为自己身体图式习惯范围之内的物的行为，或者那些试图与被儿童体验为自己身体图式习惯范围之内的人建立亲密关系的行为的不允许。儿童早期的不宽容是自然而然出现的，在每个儿童的成长过程中都或隐或显的有不同程度的不宽容流露。儿童早期的不宽容对于儿童的成长有怎样的意义？对于这个阶段的儿童来说，宽容意味着什么？儿童早期的不宽容和宽容之间有怎样的关系？在学龄前教育中家长和老师应该如何对待儿童的宽容和不宽容？这些都是我们需要思考的教育学问题。

一、不宽容是儿童自我意识的表达和强化

在儿童成长过程中，自我意识的产生和觉醒实际上是儿童成长的标志，意味着儿童开始有意识地将自己和他人区别开来，意味着儿童独立性的增强。自我意识觉醒后儿童对于侵犯其身体图式完整性的行为进行制止所表现出来的不宽容实际上是自我意识的表达，同时也是自我意识的强化。自我意识是否完善是衡量一个人是否独立的重要标志，从自我意识的悄然产生、被动觉醒，到自我意识主动发挥作用，再到在反思中将自

我意识课题化，这是个体自我意识发展的一般历程。从教育学的角度来看，虽然处在物我不分阶段的儿童天真懵懂惹人怜爱，但实际上在怜之爱之的同时我们也在期待着儿童的成长，期待着儿童能够区分自己和外部世界，期待儿童在拥有清晰的自我意识之后能从容而有个性地在世界中生活。如果孩子已三四岁了还物我不分，那家长就不会沉浸在对他的怜爱之中，更多的应该是担心焦虑了吧。所以不能把儿童早期所表现出来的不宽容一概看作是坏的事情，实际上它是具有积极意义的。它标志着自我意识的觉醒，同时也强化着自我意识的发展，它在儿童自我意识的发展过程中发挥着重要的作用。

除了儿童早期表现出的不宽容之外，我们都知道在成年人的生活中依然不可避免地存在不宽容。虽然我们可以通过教育来让儿童懂得分享、懂得接纳，但儿童在自我意识刚刚觉醒时所表现出的不宽容不会随着年龄的增长而消失，而是会继续存在，只不过变换了表现方式。因为个体总是会体验到自己身体图式的习惯，而且和儿童早期不同的是，年龄很小的孩子并不是有意地去表达、反思自己的自我意识，而随着成长阅历的增多，孩子会越来越主动自觉地对自我意识进行反思。他会宽容很多儿时不能宽容的事情，同时也会有新的不宽容出现。比如，他会变得乐于和别人分享自己喜欢的食物，但不允许别人冒犯自己的私人空间；比如，他会因为他和姐姐都跟爸妈有非常亲近的关系而感到幸福，但不允许别人在和自己恋爱时或婚姻中的另一半有暧昧关系。他也会通过一些妥协或者掩饰来使自己既能表现得很宽容，又维护了自己不想被别人触碰的领地。比如，他会在别人发表观点的时候频频点头，但内心还是坚持自己的想法；他会在高档酒店请一位朋友吃饭，只是因为他需要请他吃饭但又不愿意让他来自己的家中。这些不宽容并没有什么消极的意义，我们并不能笼统地说宽容就是好的，值得称赞，不宽容就是不好的，需要批判。为了维护自己身体图式的完整性，同时也没有侵犯别人的身体图式完整性的不宽容具有合法性。

二、宽容是对不宽容的克服

与不宽容的内涵相对，这个时期儿童宽容的内涵就是允许别人分享和使用那些被他体验为自己身体图式习惯范围之内的物，允许别人和被他体验为自己身体图式习惯范围之内的人建立亲密关系。也就是说，虽然已经有了自我意识，虽然会自发地想要维护自己身体图式的完整性，但是能克制这种独自一人拥有的欲望，容许别人的使用和分享。如接受"这虽然是我的帽子，但别人也可以用""这是我的妈妈，同时也是姐姐的妈妈"，允许别人戴我的帽子，允许姐姐和妈妈建立亲密的关系，简而言之，宽容就是对不宽容的克服。之所以能够克服具体来说可以分为两种情况：一是意识到某物是我的，同时也意识到别人的分享和使用并不影响我对某物的拥有，如知道虽然妈妈把帽子借给别的小朋友，但这个帽子仍然是我的。二是意识到某物或某人是我的，但同时也是别人的，我可以拥有它，别人也可以拥有它。例如，我可以吃燕麦圈，爸爸妈妈也可以吃燕麦圈；我和妈妈建立了亲密关系，爸爸和姐姐同样也可以和妈妈建立亲密关系。虽然对于年龄较小的儿童来说，要做到这一点很难，但是在父母的教育下还是可以做到的。就像前文提到的约翰，他虽然把自己最喜欢的玩具都藏了起来，但是他还是留了一些在外面，这正说明他知道这些玩具是自己的，但同时也知道应该允许小妹妹玩他的玩具。他没有对妈妈说他的真实意图并且跑开了，也正说明他知道应该让小妹妹玩所有的玩具，自己把一些玩具藏起来是不对的。这些都说明约翰已经有了一些宽容的意识，也正在通过内心的斗争来做到宽容。

三、教育如何面对儿童的不宽容

当儿童流露出不宽容的时候，作为家长和学龄前教师我们怎么做才能既不影响儿童自我意识的发展，又能防止儿童走向自私的泥沼呢？以下几点也许可供借鉴。

(一)承认不宽容的合理性

作为教育者需要承认儿童早期不宽容的合理性，明白儿童早期不宽容和自我意识发展的关系，从而不把儿童流露出的不宽容完全看成是坏事，而要知道这是儿童成长自然需要经历的过程。有了这样的认识之后，当发现儿童开始有不宽容的表现时，家长和教师一方面应该感到欣慰，这意味着儿童的自我意识已经觉醒；另一方面需要谨慎地思考，儿童的哪些不宽容是可以不加干涉的，哪些是需要进行纠正的。儿童流露出不宽容以后，如果家长一概给予严厉的批评和纠正，则有可能导致儿童身体图式习惯产生混乱，影响自我意识的发展；如果家长对于儿童表现出的不宽容听之任之，迁就甚至鼓励，则可能导致儿童的不宽容愈演愈烈，形成自私、以自我为中心的性格特征。所以教育者要留心儿童早期表现出的不宽容，在承认它的合理性的基础上采取适当的引导措施。除此之外，当儿童表现出不宽容时，教育者需要和儿童进行交流，因为很多不宽容都是应激反应，在习惯受挫之前儿童并没有事先计划好要不宽容。所以事后问问儿童为什么这么做，了解儿童当时的心理体验，一方面帮助儿童回顾了事情的经过，另一方面教育者也能获取如何对儿童进行引导的启发。

（二）让儿童知道可以宽容

除了承认不宽容的合理性之外，教育者还需让儿童知道在很多情况下，儿童可以宽容，并教会儿童如何去宽容。在前文中已经分析过存在两种情况，一是别人对某物的分享并不影响儿童对它的拥有，二是在儿童和某人建立亲密关系的同时，还可以有别人和这个人建立亲密关系。当然对于儿童我们不能这样抽象地去说教，甚至都不能使用"宽容""不宽容"这样的词汇，需要做的是在儿童表现出不宽容的具体情境中，用儿童能够理解的方式告诉儿童可以宽容。例如，琳琳妈把帽子借给诗诗的时候琳琳强调这个帽子是她的，她现在就要戴，妈妈可以说："妈妈知道帽子是琳琳的，但是琳琳不出门不用戴帽子。

琳琳把帽子借给好朋友诗诗，但是帽子还是琳琳的。明天诗诗会把帽子还给琳琳。"再如熙熙不让从外地工作回来的爸爸把手搭在妈妈身上，妈妈可以说："熙熙爱妈妈吗？""熙熙爱妈妈，妈妈也爱熙熙，熙熙抱抱妈妈，妈妈抱抱熙熙。""爸爸也爱妈妈，妈妈也爱爸爸，所以爸爸也可以抱抱妈妈。爸爸妈妈熙熙是一家人呢。"这些话语在成年人看起来有些啰唆，但是这是小孩子能够听懂的表达方式，很多事情都是在大人多次的"啰唆"中孩子才明白的。

（三）给予儿童宽容的能量

前文讨论过宽容实际上是对不宽容的克服。要克服一种自发的欲望，伴随而来的往往是一些消极的体验，如压抑感、束缚感、烦躁、不甘心、担心等。不但对于儿童是如此，即使对于成年人也是一样。所以在引导儿童进行宽容的时候，仅仅让儿童知道可以宽容，仅仅告诉他如何宽容是不够的，还需要关注儿童可能会体验到的负面情绪，并且通过给予儿童更大的能量来帮助他抵消这些负面的情绪。那如何给予儿童能量呢？鼓励孩子宽容，当孩子宽容时给予肯定和表扬，并且表达因为孩子宽容所以作为家长或者老师非常高兴。被鼓励、被期待，受肯定和表扬，因为自己的行为而让家长和老师高兴，这些会让儿童体验到关爱、成就、喜悦和满足等积极的情感体验，从而抵消伴随克制而来的消极体验，并最终把宽容体验为积极的事情。这里值得注意的是在现实当中，很多父母采取这样的办法让孩子宽容。还是举帽子的例子，琳琳不让诗诗戴她的帽子，妈妈会说："你不是想看《米奇妙妙屋》吗？如果你让诗诗戴帽子，我就给你播《米奇妙妙屋》好不好?"妈妈知道动画片对孩子有更大的吸引力，所以用这个作为交换孩子宽容的条件。这种方式虽然广泛存在而且也非常有效，但不值得提倡。因为从本质上看，这种方式并没有真正教会儿童宽容，也没有给予儿童宽容的积极能量，而是潜移默化地教会了儿童一种功利计算的思维方式，以至于儿童在长大以后依然会延续这种思维方式。这个问题我们将在第五章进行更为详细的讨论。

第三章
原谅、容忍和宽容

　　胡塞尔在《关于几何学的起源》中谈到文字符号和语言符号的重要功能，"它无须直接或间接的个人交谈，就使传达成为可能，它可以说是潜在化了的传达……文字符号是直接地感觉上可经验的，并且总是有可能在主观间共同地经验的"①。文字和语言蕴含事情源初的意义，并使这一理念对象具有主体间的可理解性。梅洛-庞蒂认为语词并不是一个用来盛放意义的空盒子，"而是语言自身在我们使用的过程中在创生。……我们并不是在说已经有的语言，而是言说自身在我们说话的过程中创造出新的意义"②。人们通常会认为儿童学会说话，就是学会一种已经存在的语言，但实际上并非如此，儿童在言说每一个词汇的时候，都是一个创造意义的过程。儿童不是在字典中教条地理解了"爸爸""妈妈"的含义，而是在自己与父母共同的生

---

　　① ［德］胡塞尔：《欧洲科学的危机与超越论的现象学》，王炳文译，437 页，北京，商务印书馆，2001。
　　② 宁晓萌：《表达与存在：梅洛-庞蒂现象学研究》，115 页，北京，北京大学出版社，2013。

活中建立了对这两个词语的理解和使用。对于不同的儿童来说，他们对这两个词语的理解既存在相同的成分，也存在一些差异。

就像学会说"爸爸""妈妈"一样，随着儿童的成长，他在日常生活中会接触到"宽容"这个词语，也会根据自己的经历形成对这个词语的理解。儿童会把某些体验纳入宽容体验的范围，同时也会认为某些体验不属于宽容体验。所以儿童对"宽容"这个词语的理解对于儿童宽容品质的形成具有重要的影响。在研究中我们发现很多儿童将"宽容"理解为"原谅"，还有一些儿童将"宽容"理解为"容忍"，这些对宽容的理解是否恰当呢？这些理解对于儿童宽容品质的形成会产生怎样的影响？宽容教育该如何面对儿童的这些理解？这是本章要讨论的问题。

第一节　"宽容"和"原谅"概念分析

在研究过程中我们发现儿童在描述自己的宽容体验时，有很多儿童描述的都是他原谅别人，或者是别人原谅他的体验。在谈到他对宽容的理解时，也有很多儿童直接说宽容就是原谅。接下来我们就先来看一下儿童自己的描述和理解。

一、儿童误把"宽容"等同于"原谅"

在儿童对自己的宽容体验进行描述的时候，有些儿童描述的是他不小心犯了某个错误，伤害了别人，但是那个人原谅了他，如下面这个故事就属于这种情况。

下雪的冬天，我撑着伞等公交车。上了车之后伞上的雪化了，滴在了旁边座位的阿姨身上。我正想道歉，一个急刹车，我的伞将那位阿姨的羽绒服划开了一个口子。我当时就愣在那里了，赶忙说："对不起，对不起，我不是故意的，真的对不起！"当时我的后背冒了一层冷汗，大气也不敢出，感觉要大祸临头了。但是我没听见刺耳的叫骂，只听见一声"没关系，回家缝一下就好了"。抬头正遇上阿姨的目光，她是那么自然，我的心里也暖了起来。宽容就是一句原谅别人的话、一个眼神。

还有一些是儿童为了逃避惩罚或者为了别的什么原因，有意做了错的事情，但是后来真心悔过，在道歉之后获得了原谅，儿童把这种体验也看作宽容的体验，如下面这个故事所描述的。

有一天我有个作业本没有带回家，我就冒充妈妈的口吻给老师发短信说我眼睛不好，没法写作业。第二天老师向妈妈询问我眼睛的情况，我被揭穿了。老师把我叫到走廊上问我到底是怎么回事。我非常羞愧，低着头跟老师承认错误。老师并没有批评我，而是很和蔼地原谅了我，并说"没有带作业本回家，就实话实说，以后不能撒谎"。我瞬间放松下来，有种重获新生的感觉。我始终都记得老师对我的宽容。

还有一种情况就是儿童误解了他人，认为他人做了伤害自己的事情并对那个人大加嘲讽。当儿童意识到这是一场误会，并向他人道歉时，那个人并没有以其人之道还治其人之身，而是原谅他。就像下面这个故事所描述的，儿童认为这种体验就是宽容体验。

我手里握着她的钢笔在她家门口犹豫，如果我敲门去还笔，她会不会嘲讽我，就像我在学校嘲讽她是小偷，偷了我的笔一样？如果我现在不还，那明天到了学校还是要面对她的，怎么办？犹豫了很久我还是敲了门，正好是她开的门。我没有勇气抬头看她，只是双手把钢笔捧给她，小声地说："对不起，我冤枉你了，这是你的钢笔，到家才发现我的落在家里了。我向你道歉，你能原谅我吗？"接下来的几秒世界安静得可怕，我在想：她是不是要开始骂我了？但是传入耳中的是"没关系，这是一场误会。我们以后还是好朋友，明天的钢笔字比赛一起加油"。听了这句话，我感动极了，泪水止不住要流出来。我依然没有抬头，匆忙说了声"谢谢"便飞快转身下楼了。出了楼门我觉得全身放松多了，她能原谅我真好！

二、"宽容"和"原谅"的关系

以上这些都是儿童描述的被别人宽容的体验，我们明显可以看到这些儿童所认为的宽容实际上都是原谅，在这些描述中宽容就是"我"做错了事情，别人原谅了"我"。用儿童的话说"宽容就是别人做错事情，你原谅了他""别人冒犯自己，自己能原谅他""别人犯错误能原谅别人""能够原谅别人犯下的错误""宽容是他人做错事情时，能大度原谅"，等等。这里值得思考的问题是原谅和宽容是什么关系？宽容就是原谅吗？

"原谅"这个词中的"原"在《说文解字》中，和它最为相近的字是"灥"，音"yuán"。《说文解字·卷十一》："灥，水泉本也。"也就是水的源头的意思，引申为原本。现在的"原"也是这个意思，本源，事情最开始的样子。"谅"出现在《说文解字·卷三》："谅，信也。""谅"就是"信"的意思，在《论语·季氏》中有"友直，友谅，友多闻"这样的用法，杨伯峻按照《说文解字》的解释，把这里的"谅"解释为"信"。[①] 那"原""谅"两个字合起来该如何理解呢？可以理解为回到事情最开始的样子，相信对方。这个解释暗含着原谅发生之前，事情并不是最开始的样子，原谅的主体不相信对方，通过原谅，事情回到最开始的样子，原谅的主体相信对方。那如何理解事情最开始的样子呢？可以包含两层意思，一是双方之间原来的关系，二是被原谅者的原初意图。很多情况下人们都是鉴于对方本意是好的、善的，只是由于失误或者无奈而做错了事情才原谅，所以原谅意味着追溯对方原本的意图，同时也意味着继续相信对方，和对方的关系回到从前。

在日常生活中原谅是怎么发生的呢？一个人做了某件事情，这件事情对我造成了伤害。那个人意识到他做错了，我也认为他做错了。那个人向我道歉解释做错的原因并表达弥补伤害的意愿。我理解了他做错的原因，了解了他希望弥补伤害的

---

① 杨伯峻：《论语译注》，175 页，北京，中华书局，1980。

意愿，不去计较受到的伤害，和他的关系回到没被伤害之前的状态。这是原谅发生的一种情况。还有另一种情况是某个人对我造成了伤害，但他并不认为自己做错了，没有向我道歉。我通过别的渠道了解了他这样做的原因，不去计较受到的伤害，和他的关系回到没被伤害之前的状态。正如一个儿童描述的，"一个同学在没有告诉我的情况下拿走了我的伞，我当时非常生气，但后来同桌告诉我当时那个同学是赶着在上课之前去办公室交作业，情急之下才拿了我的伞，我了解了这个情况之后就原谅他了"。

虽然每一个原谅发生的具体情境不同，事由不同，涉及的人不同，但是原谅的基本要素是相同的。那就是一方对另一方造成了伤害，受到伤害的一方在了解了另一方的行为原因或者是了解了另一方的悔过之意之后，不再计较受到的伤害，和对方的关系恢复到伤害产生之前的状态。第一个要素就是一方给另一方造成伤害。这可以分为两种情况：无心造成的伤害和有意造成的伤害。无论是无心还是有意，它们的结果都是造成了伤害。第二个要素是受到伤害的一方了解另一方的行为原因或是悔过之意。这里有两种方式：一种是通过造成伤害的一方的道歉，另一种是虽然造成伤害的一方没有道歉，但受到伤害的一方通过自己分析或者第三者的告知了解造成伤害一方的行为原因。第三个要素是受到伤害的一方不再计较受到的伤害和对方的关系恢复到伤害发生之前的状态。那如何才能不计前嫌、恢复关系呢？这里还需讲到同情，之所以能够原谅是因为受到伤害的一方能够换位思考，能够设身处地地联想。访谈中一位儿童说道："每个人都会犯错，许多都情有可原。若是你自己犯了错，很内疚，但却迟迟得不到对方的原谅，你会怎么想？你会不会伤心难过？"如果自己是造成伤害的一方，自己是否会做出和对方同样的行为，自己是否会希望得到别人的原谅？如果自己也会做出同样的行为，或者自己希望获得别人的原谅，那么即使对方没有道歉也会原谅对方，如果对方道歉了，则更会原谅对方。

这里所说的伤害可以理解为是身体上物质上的伤害，如碰伤了别人的膝盖，划破了别人的衣服；也可以理解为是情感上的伤害，如跟老师撒谎辜负了老师的信任，或冤枉同桌偷笔伤害了同桌的尊严。无论是何种伤害，对于受到伤害的一方其实质都造成了价值缺位。这种价值缺位有两个层面：其一从受到伤害者自身来说。如果身体上受到伤害，他会体验到适意、健康等原本平衡的价值的缺位；如果是情感上受到伤害，他会体验到尊严、人格等原本平衡的价值的缺位。其二从受到伤害者对施加伤害者的价值体验来说。在伤害造成之前，如果是陌生人，可能被体验为是安全的、友好的存在。如果是朋友，可能被体验为是亲密的、志同道合的存在。如果是亲人，可能被体验为是至亲的、贴心的存在。但是在伤害产生之后，这些原本被体验到的正向的价值就不会继续被体验到，从这个意义上说，伤害导致了这些价值的缺位。了解伤害产生原因和了解对方悔过之意的过程其实是受到伤害的一方试图抚平自己的价值缺位的过程。如果造成伤害的一方主动道歉当然有利于受到伤害的一方抚平由伤害造成的价值缺位。如果造成伤害的一方没有主动道歉，受到伤害的一方则会通过别的途径来了解伤害产生的原因，试图能够恢复到受伤害之前的价值平衡状态。这也是为什么很多受到伤害的人即使没有收到施害者的道歉，他们也会理解对方的行为原因并给予原谅。不再计较受到的伤害，和对方的关系恢复到伤害发生之前的状态也就意味着受到伤害的一方回到原有的价值平衡状态。

　　"宽容"中的"宽"在《说文解字·卷七》中被解释为："宽，屋宽大也。""宽"的原意是指住的空间宽大，后来才从身体住的空间宽大引申为精神灵魂所居的空间宽大，即心胸宽广。《说文解字·卷七》："容，盛也。"也就是可以盛载他物的意思，当然也包括盛载他人（的思想）。"容"是一个中性字，本身不含褒贬，但是与"宽"合起来就有了褒义，即心胸宽广，可以容人的意思。《庄子·天下篇》中"常宽容于物，不削于人"，是笔者能够找到的最早出现"宽容"这个词的文献，这里的"宽容"和"不削"是同样的意思，即宽容于物，宽容于人，宽容就是心胸宽广，可以容人的意思。"宽容"在《荀子》中多次出现，《荀子·不苟》中有"君子能则宽容易直以开道人，不能则恭敬缚绌以畏事人"[1]。《荀子·非相》中有"接人用抴，故能宽容，因从以成天下之大事矣。故君子贤而能容罢，知而能容愚，博而能容

---

[1] 张觉：《荀子译注》，21 页，上海，上海古籍出版社，2012。

浅，粹而能容杂，夫是之谓兼术"①。《荀子·臣道》中有"调而不流，柔而不屈，宽容而不乱，晓然以至道而无不调和也，而能化易，时关内之，是事暴君之义也"②。这些文献中的"宽容"都有心胸宽广、可以容人的意思。除此之外我们还可以看到，"宽容"并不仅仅指心胸宽广，可以容下很多与自己有差异的思想，而且这些思想并不是机械、杂乱地堆放，也不是相互冲突摈斥，而是和谐共处，有机融合。所以宽容指能盛载差异，并积极地与这些差异共存。

　　相对于原谅来说，日常生活中宽容的发生不一定是某个人或群体给宽容主体带来了什么伤害，而是别人有和我不同的思维方式和言行风格，这让我感受到差异。宽容是接受不同的思维言行，并积极地与其一同存在。所以宽容可能是宽容者和被宽容者双方都觉察的，也可能仅仅是宽容的一方觉察，而被宽容的一方丝毫没有觉察。宽容的要素主要是意识到差异的存在，对差异持一种接纳的态度，积极地和差异共存。所谓差异就是和我的不同，这里的差异外延非常广泛，往小了说可以是某个想法的不同，如孩子认为放在他的小碗中的燕麦圈别人不能吃，但妈妈认为放在孩子碗中的燕麦圈妈妈是可以吃的；可以是某个行为的不同，如孩子总是把门关上，而爸爸总是把门敞开；往大了说可以是民族不同、种族不同、语言不同、宗教

---

① 张觉：《荀子译注》，51 页，上海，上海古籍出版社，2012。
② 同上书，185 页。

信仰不同。这些不同并不一定给意识到差异存在的人带来伤害。

　　宽容发生的第一个要素是接纳差异。面对差异可能有三种不同的反应，一是反对、排斥，二是抱着无所谓的态度漠不关心，三是接纳。人们之所以会反对、排斥差异，往往是因为相信自己的想法、思想、信仰、行为是不会错的，当别人的想法、思想、信仰、行为和自己的不同时，就认为别人的是错的，所以加以反对和排斥。这种态度背后隐藏的是一种非对即错、对错二元对立的观念。既然我的是对的，那么和我不同的都是错的。

　　面对差异的另一种反应是抱着无所谓的态度漠不关心。这是一种消极的反应，只要这种差异没有伤害到"我"，那么就跟"我"没什么关系。但是一旦伤害到了"我"的利益，则很可能变成第一种反应，即反对、排斥。面对差异的第三种反应是接纳。这种接纳实际上是没有那种非对即错、二元对立的观念，取而代之的是认为世界本来就是多样性的，正是这种多样性才构成了世界的丰富多彩。也承认每个人的思想都是有限的，不能宣称自己的思维和言行是对的，而别人的就是错的。反对、排斥和漠不关心的反应都不会导向宽容，只有第三种反应即接纳才会导向宽容。

　　宽容发生的第二个因素是积极地和差异共存。持反对、排斥态度的人不会心甘情愿地和差异共存。这种态度往往会造成对差异的取消，即不容许差异的存在，用自己的思维和言行方式取代差异的存在。漠不关心的态度是实际上是一种对差异有所戒备的态度。虽然这种态度并不真正关心差异究竟是怎么回事，究竟如何发展，但是却有清晰的划界，只要差异超出了一定的界限，损害了"我"的利益，那漠不关心的态度就会变成反对和排斥。在意识到这种伤害发生的可能性之前，漠不关心的态度是有意忽略差异的存在，不将其纳入考虑的范围。接纳的态度是意识到差异的存在之后，对差异抱有兴趣，愿意去了解差异的来龙去脉，并且不以个人的利益得失作为衡量差异是否应该存在的标准，而是从造成差异者的存在状态出发去判断差异存在的合理性。如果具有合理性，则对差异抱有一种积极的态度，和差异及其造成者共同存在于世界之中，并认为多样性的存在就是世界的本来面貌，并不试图将自己的思维言行奉为真理，用自己的方式来取代差异。

通过以上的分析可以看出，宽容和原谅并不完全相同。原谅是一方对另一方造成了伤害，受到伤害的一方了解伤害产生的原因后，不再计较受到的伤害，和对方的关系恢复到伤害产生之前的状态。宽容是意识到差异的存在，对差异持一种接纳的态度，积极地和差异共存。我们可以说宽容和原谅的不同主要体现在"差异"和"伤害"的不同上，造成伤害则一定意味着双方之间存在差异，但是存在差异并不一定意味着会造成伤害。由此看来我们可以说原谅是宽容的一种形式，所有的原谅都是宽容，但宽容不仅仅是原谅。原谅总是以有直接的伤害发生为前提，所以它所能涉及的往往是和自己有直接交往关系的人，范围较小；宽容的范畴要比原谅大很多，只要是那些和自己有差异的存在都可以成为宽容的对象。儿童将宽容理解成原谅是不准确的，虽然考虑到他们尚未长大理解出现偏差情有可原，但这同时也为宽容教育提出了要求，宽容教育需要扭转儿童已经形成的理解偏差，帮助儿童形成更具超越性的宽容理解。

第二节 "宽容"和"容忍"概念分析

在研究过程中我们也发现有些儿童所描述的宽容体验实际上是容忍的体验，他们把宽容理解为容忍。我们首先来看一下儿童的描述和理解。

一、儿童误把"宽容"等同于"容忍"

也许我们对下面例子中这个女生所描述的场景并不陌生，在上学的时候班里总是有那么几个调皮的男生会欺负女生。这个女生认为她对欺负自己的男生的容忍就是宽容。

每当我值日的时候，有个男生总是会找我麻烦。我刚把地扫干净，他就会假装不经意地往地上扔垃圾，害得我还得扫一遍。我刚扫完，他又扔。我让他不要扔了，他就摆出一副特别无赖的样子说："谁能证明是我扔的？明明是你自己没扫干净嘛！"他旁边的几个男生也会跟着起哄。我也想过要告诉老师，但想想这也不是什么大事，多扫几遍就多扫几遍吧，我觉得我应该算得上是一个宽容的人吧。

　　除了发生在自己身上的事情之外，儿童对自己所观察到的事情也是有评价和感受的，接下来这个同学描述的就是他在公交车上所看到的一位叔叔宽容的故事，读完故事我们会发现这个同学所谓的宽容，其实是容忍。

　　有一次我坐公交车，车上人比较多。到站了，上来一位叔叔，穿着破旧的工作服，手里还拎着一个装满了工具的涂料桶，看样子应该是工人。车厢里一位阿姨一边裹紧自己的衣服，一边很厌烦地说："喂，你离我远一点，别弄脏我的衣服。"那位叔叔没有吱声，往旁边挪了挪。又到了站，上来一些人，车上更挤了，那位叔叔只好小心翼翼地往里挪了挪，保证不碰到那个阿姨。但那个阿姨并不买账，说："听不懂中国话还是怎么的，说了让你离我远点。"那位叔叔依旧没有吱声，挤出一个很尴尬、很难为情的微笑。突然司机一个刹车，那个阿姨没站稳踩在那个叔叔的脚上，她非但没有道歉，反而一边拍着自己的衣服，一边说"讨厌"。那位叔叔皱了皱眉头，还是没有吱声。我觉得那个阿姨很没有素质，而那位叔叔很宽容。

　　在以上这些体验描述中，我们可以看到有些儿童实际上是把宽容体验为容忍，别人的行为侵犯了我的利益，我虽然心有愤怒，但还是默默地克制自己的情绪，忍受伤害。儿童对宽容的这种理解准确吗？宽容和容忍之间有着怎样的关系？

二、"宽容"和"容忍"的关系

　　"容忍"这个词中的"容"字和"宽容"中的"容"相同，《说文解字·卷七》："容，盛也。"也就是可以盛载他物的意思，当然也包括盛载他人（的思想）。"容忍"这个词中的"忍"字，《说文解字·卷十》："忍，能也。"那"能"又是什么意思呢？"凡敢于行曰能，今俗所谓'能干'也。敢于止亦曰能，今俗所谓'能耐'也。能、耐本一字，俗殊其音。忍之义亦兼行止。敢于杀人谓之忍，俗所谓'忍害'也。敢于不杀人亦谓之忍，俗所谓'忍耐'也。"这是段玉裁在《说文解字注》中对"忍"的解释。由此看来，"忍"这个字表示一种"能耐"的状态，其本身并不含褒贬。"容"也是中性字，所以"容"和"忍"这两个中性字合在一起，就是指一种能够盛载的状态，也是中性，并无褒义。

　　从"宽容"和"容忍"这两个词的词源含义上说，"容"是两个词相同的部分，两个词都有"盛载差异"的意思，其间的不同主要体现在"宽"和"忍"上，"宽"具褒义，引申为心胸宽广，"忍"为中性，表示一种承受能力。在我国古代的君子之道中，"忍"颇受推崇，如《论语》中"小不忍，则乱大谋"[1]"动心忍性，增益其所不能"[2]。苏轼将刘邦和项羽的成败归结为"在能忍与不能忍之间而已矣"。[3] 杜牧诗云："胜负兵家不可期，包羞忍辱是男儿。"还有张公艺的"百忍"治家，这些表面上看起来都在推崇"忍"，但实际上这里的"忍"只是暂时的手段，真正的目的是成大谋，这是一种功利主义的逻辑。这样一种推崇"忍"的传统影

---

① 《论语·卫灵公》。
② 《论语·告子下》。
③ 黄圣周：《中国文化中的容忍思想》，载《咸宁学院学报》，2006(4)。

响至今，一些家长在教育孩子时会说"忍一时风平浪静，退一步海阔天空"，"忍得一时之气，免得百日之灾"，"能忍耐终身受用，大学问安心吃亏"。那这样的容忍是不是宽容呢？

我们认为宽容和容忍虽然表面上看起来很像，但深入分析的话会发现有如下不同。

第一，容忍往往是被动的，而宽容是主动的。容忍背后隐藏的词是"不得不"，是出于无奈不得不容忍什么，也就是说除了容忍之外没有更好的选择，所以容忍往往是被动的。例如，有些儿童会说"当有同学冒犯我时我总是自我压抑着，尽量避免冲突"，因为在他看来，为了避免冲突，他不得不容忍。宽容和容忍不同，宽容并不是出于无奈的选择，而往往是主动的选择。如寒假社会实践活动小组在讨论活动主题的时候出现了两种意见，有两个同学主张调查在饭店大厅吸烟的顾客的比例，并对吸烟者进行劝说。另两个同学主张调查饭店大厅顾客食物浪费的情况，并对浪费食物的顾客进行劝说。虽然这四个同学各有偏爱，但他们并没有排斥别人的方案，最终决定两个主题都进行调查，这就是宽容。两个主题都做并不是无可奈何的选择，而是四位同学宽容彼此的想法的主动选择。

第二，容忍的过程往往伴随着怨恨和愤怒的积累，而宽容往往是真诚无怨的。由于容忍往往是不得已而为之，容忍主体并不是心甘情愿地忍受别人给自己造成的伤害或者是别人对自己的欺辱，而是压抑着自己的情绪不爆发，不和对方敌对，维持一种表面的平和。这种情绪自我抑制的过程往往也是怨恨和愤怒积累的过程。容忍的人不是真的没有消极情绪，而是掩饰了自己的消极情绪。一个初中的女生曾向我倾诉她和朋友相处所遇到的一个问题，从中我们可以看到她对宽容的误读，以及这种误读带给她的纠结和困惑。

有件事我已经纠结很长时间了。那就是我对我的好朋友很好很宽容，每次她们做了什么对不起我的事情我都不去计较，但是她们好像已经习惯了这样，总是做对不起我的事情。最近的一次是我在学校突然肚子疼得厉害，我就让楠陪我去医务室。她说要叫上另外两个朋友，虽然我心里想立马就去医务室，也不想那么多人跟着，但还是等着楠去叫其他两个人。在去医务室的路上，最开始楠还扶着我，但是不一会儿她们三个就开始打闹，说说笑笑地走在我前面。我只好一个人扶着墙走，真觉得心寒，心想以后再也不理她们，不为她们做事了。但是这件事过去以后，当楠又让我帮她记作业的时候，我似乎忘了生病那天自己下的决心，又答应了。答应之后心里又开始不平衡，但还是帮她记了。这究竟是怎么回事？我已经够宽容了，怎么就换不来朋友对我的好呢？

这个女生认为她一再帮好朋友做事情，容忍好朋友就是宽容。但实际上这并不是宽容，而是容忍。正因为这是容忍，所以虽然她一如既往地帮好朋友做事情，但是在她内心深处存在着愤怒和埋怨。还有公交车上那位遭到歧视的工人，他虽然一直没有吱声，但他皱起的眉头表明他在压抑着自己的愤怒情绪。虽然每个人承受愤怒和怨恨的能力不同，但这种被压抑被掩饰的怨恨和愤怒终究还是会爆发的。宽容和容忍不同，宽容是个体做出的主动选择，所以是个体发自内心真诚地、无怨无悔地去接纳别人的不同，并积极地和与自己不同的人共同生活。

第三，容忍往往是一种对恶的姑息，而宽容则是一种对善的促成。对于大多数人来说，善的事情能够引起我们的喜爱和欣赏，而不会让人无可奈何地忍耐，所以很多需要容忍的对象都是恶的事情，如朋友之间的冷漠、同学之间的无礼、男生欺负女生、城里人对进城务工人员的歧视等。对于这些的容忍实际上是维持了这些恶的存在。而宽容本身就含有褒义，宽容往往是可以维护世界原本就存在的丰富多样性，维护每个人都拥有的平等和自由。哈耶克（Friedrich August von Hayek）曾说西方文明从最根本上说就是"把个人当作人来尊重；就是在他自己的范围内承认他的看法和趣味是至高无上的。纵然这个范围可能被限制得很狭隘；也就是相信人应该发展自己的天赋和爱好。宽容或许是唯一还能保留这个原则完整意义的字眼儿"①。所以说宽容是对善的促成。

虽然在中文日常语境中宽容和容忍往往没有被严格区分，但在本文中我们通过对"宽容"和"容忍"基于词源的分析可以看出这两个词并不具有相同的意思。容忍具有被动、积怨和维恶的特征，而宽容则是主动的、无怨和向善的。儿童将容忍理解

① ［英］哈耶克：《通往奴役之路》，王明毅等译，21～22 页，北京，中国社会科学出版社，1997。

为宽容是不准确的，造成儿童这种理解的原因可能和我国传统文化对"忍"的重视和推崇有关。

第三节　宽容教育要教儿童学会真正的宽容

原谅是宽容的一种形式，并不是宽容的全部。儿童把原谅理解为宽容没有问题，但如果认为宽容就是原谅则是片面的、不准确的。容忍和宽容在日常语境中往往不被区分，但这两个词确实有不同的含义，儿童把容忍理解为宽容也是不准确的。儿童这些理解上的偏差和他们平时有意或无意中所接受的宽容教育有关，所以宽容教育要避免让儿童产生理解偏差，要教儿童学会真正的宽容。

一、宽容教育从引导儿童做宽容的事开始

对于年龄较小的儿童来说理解宽容这个词比较困难，但这并不意味着他们不能通过自己的行动来践行宽容。宽容作为一种社会性价值，只要儿童参与社会交往，他的言行就可能体现出宽容这项价值，只不过他们还不知道自己的行为所体现的是一种叫作"宽容"的价值而已。例如，曾经不让爸爸妈妈吃她碗里的燕麦圈的雯雯愿意和爸妈分享，曾经不让别的小朋友戴自己帽子的琳琳主动地把帽子给别人戴，曾经不允许爸爸把手搭在妈妈肩膀上的熙熙允许爸爸这么做，曾经因为姐姐没有按照自己的想法画画而"没收"了姐姐的作品的诺诺说姐姐画得很好

看，并要姐姐教她。很多成年人在看到儿童的这些行为时，往往用"孩子长大了，懂事了"这样比较笼统的话语来表扬孩子，其实儿童这些行为中所体现的正是宽容。成年人对儿童进行宽容教育，首先要对儿童的日常活动有敏感性，要能敏锐地发现在儿童日常活动中所蕴含的宽容教育契机，当然不光是对宽容教育是这样，对其他各种价值观的教育也是这样。当孩子不允许别人碰她碗里的食物时，父母要能够发现孩子的这种不宽容，并采取相应的措施让孩子变得宽容。当然对于两三岁的孩子来说，如果家长告诉他"宝贝，你要宽容"，这很难奏效。最开始的宽容教育不是从"宽容"这个概念出发，而是通过引导儿童做宽容的事情来实现。还是举燕麦圈的例子，当发现雯雯不让别人吃她碗里的燕麦圈的时候，妈妈可以往自己的碗里倒一些同样的燕麦圈，并把自己的碗放到雯雯面前，告诉她"妈妈喜欢吃燕麦圈，雯雯也可以吃妈妈的燕麦圈"，再把碗放到爸爸面前，并说"爸爸也可以吃妈妈的燕麦圈"，再去问问雯雯："妈妈可不可以吃雯雯的燕麦圈？"如果一次不行就在每天吃燕麦圈的时候都重复几次。虽然在这个过程中没有出现"宽容"这个词，但是教给孩子的却是在自己喜欢的食物面前，容许别人和自己一起分享，这就是宽容。以此为例，宽容教育可以通过引导儿童做宽容的事，教会孩子容许别人分享自己喜欢的事物，教会孩子和小朋友分享自己喜欢的玩具，教会孩子从容面对和自己不同的意见和想法。亚里士多德曾说过："我们通过做公正的事成为公正的人，通过节制成为节制的人，通过做事勇敢成为勇敢的人。"①接着先哲的话，我们可以说价值教育可以从引导儿童做宽容的事开始，从而帮助他们成长为宽容的人，成为宽容的人之后，就能自然而然地做宽容的事。

二、宽容教育要避免让儿童对宽容的理解产生偏差

在访谈儿童的宽容体验时，很多儿童说起自己对宽容的理解都会提到小时候和别的小朋友打架、发生矛盾的事情。儿童往往是在打架之后接受家长和老师的教育时知道了"宽容"这个词，并对"宽容"产生了最初的理解。"我最早从妈妈那里知道了宽容。在上学前班的时候，一个小朋友摔坏了我的文具盒，我就和他打架了，老师把这件事情告诉了妈妈。妈妈跟我说别人做了错事要宽容他，不能打架，要做一个宽容的人。我当时不明白宽容的意思，只是模模糊糊地知道如果别人摔坏了我的铅笔盒，我不计较，不和他打架，应该就是妈妈说的宽容了吧。""上小学的时候，有个同学不小心摔坏了我的杯子，虽然他跟我道歉了，但是我就是不接受，非要他马上给我赔一个一模一样的新杯子，要不然我就把他的杯子也摔坏，正闹得不可开交的时候，老师进来了。老师跟我说那个同学不是有意的，而且他也道歉了，你应该原谅他，要学会宽容。大家都喜欢宽容的人。从那以后我知道了宽容就是原谅别人犯的错误。"这是两位儿童在回忆自己最早对宽容的理解时说到的。从中我们可以看到，成年人在教育孩子的时候往往很自然地就使用"宽容"

---

① ［古希腊］亚里士多德：《尼各马可伦理学》，廖申白译，1103b1～1104b1 页，北京，商务印书馆，2003。

这个词，但是这个词对于儿童来说，尤其是年龄较小的孩子，却不是那么容易理解的，他们往往根据当时的情境形成一个比较模糊的理解。虽然儿童能够回忆起来自己对宽容的最早的理解，但是可以肯定的是，在这些记忆之前，儿童已经听过"宽容"这个词。只是那个时候，这个词是儿童从左耳到右耳的过客，尚未进入儿童的心灵，所以也就没有形成清晰的记忆。儿童一旦形成了自己的理解，即使是模糊的理解，这种理解就会成为儿童意识的一部分，对儿童后来的每一次宽容体验都发挥着作用。如果儿童最初的理解是朝向正确方向的，那么随着阅历的增加，儿童比较容易在这个正确的方向上形成对宽容更深入、更广泛的理解。反之，如果儿童最初的理解是一种狭隘化的理解，那么伴随着儿童的成长，它很有可能使得儿童对宽容的理解产生偏差。就像有为数不少的儿童认为宽容就是原谅，认为宽容就是容忍，这些对宽容理解的偏差往往和儿童早期接受的宽容教育有关。

学龄前儿童所接受的宽容教育往往隐含在日常的生活之中，并没有被专门冠以价值教育或者宽容教育的名称。家长和老师往往是在某些情境中很随意地向儿童传递宽容价值，缺乏系统的思考和筹划。如果家长和老师自己对宽容的理解就不准确，如认为宽容就是原谅，或者认为宽容就是忍耐；或者自己有较为准确的理解，但在教育儿童的过程中造成了一些偏差，都会影响儿童对宽容的理解。所以对于学龄前儿童的家长和老师来说，要有宽容教育意识，尽可能避免因自己教育的不当而造成儿童对宽容理解的偏差。教师需要将义务教育思想品德课程中所涉及的宽容教育的内容综合考虑，从引导儿童认识你我他之间存在的差异开始，一步一步地为儿童学会宽容提供意识前提，在循序渐进的过程中帮助儿童形成宽容的品质。

三、宽容教育如何扭转儿童对宽容理解的偏差

在访谈中我们发现为数不少的儿童对宽容的理解存在偏差，对宽容理解的偏差会直接影响儿童形成真正的宽容品质。那宽容教育如何扭转儿童对宽容理解的偏差呢？这里将重点讨论学校宽容教育可以采取的措施。

首先教师需要了解学生对宽容的理解现状。义务教育高年级阶段的儿童已经拥有较为完善的理解能力和语言文字表达能力，教师可以采用让学生描写自己的宽容体验的方式来了解学生对宽容的理解现状。例如，教师可以问学生："你是否曾经感觉到自己对某件事或某个人很宽容？或者通过某件事情体会到别人对你很宽容？"并让学生选择一个关于宽容的印象最为深刻的体验进行回忆，并把对这一体验的回忆尽可能详细地描述出来。教师可以通过学生对宽容体验的描述来把握学生对宽容的理解。除此之外，教师还可以通过问卷调查的方式来了解学生对宽容的理解现状。所谓调查问卷，其实可以是很简单的多项选择题目。就是列出很多不同的情境，让学生从中选出属于宽容的情境，通过学生的选择情况来了解学生对宽容的理解。如以下题目。

请选出以下哪些情境体现了宽容的品质：

(1)小榕剪坏了妈妈的丝巾，妈妈原谅了她。

(2)一个同学不小心绊倒了小文，虽然小文膝盖流血了，但还是接受了那个同学的道歉。

(3)一个高年级的学生经常在放学路上拦着朋朋要钱，朋朋很害怕，每次都给他钱。

(4)班里有几个男生经常对小毅说脏话，有时还动手打他，小毅每次都很生气，但还是忍着，不和他们计较。

(5)小熙转学来到一个新学校，同学没有嘲笑他的家乡口音，而是觉得他的家乡口音很有特色，还要向他学呢。

(6)每次家里买了好吃的，小莉都要先吃，自己吃够了才让别人吃。爷爷奶奶认为小莉还小，每次都由着她，笑眯眯地看着她吃。

(7)每次六岁的辰辰不高兴都会一边哭一边对妈妈拳打脚踢。妈妈从来都不责怪他，还笑着说："哎呀，我的辰辰力气越来越大了。"

其中(1)和(2)是原谅的情景，能够体现出宽容品质，(3)和(4)是对错误事情的忍耐，不是宽容，(5)是对不同地域文化的接纳，能够体现出宽容，(6)和(7)是对错误事情的纵容，不是宽容。接下来就可以根据学生的选择来判断他对宽容的理解状况。如果有学生选择了(1)、(2)、(5)，则说明他对宽容有正确的理解；如果有学生选择了(1)、(2)、(3)、(4)，则说明他将宽容理解为原谅和忍耐，这种理解是有偏差的，需要调整；如果有学生除了(5)之外其他的全选，则说明他把原谅、容忍和纵容都划入了宽容的范围，这种理解也是有偏差的，需要调整。

在了解了儿童对宽容的理解的现状之后，教师可以根据同学们的理解现状进行调整。从笔者所收集资料的情况来看，儿童将宽容理解为原谅的现象非常普遍，以北京某高中二年级一个班级为例，班级总人数49人，有34个同学所描述的宽容体验都是对自己原谅别人或者别人原谅自己的体验描述。这表明儿童对宽容的理解容易局限在原谅这个层面。针对这种现象，教师可以呈现属于原谅的宽容的案例和不属于原谅的宽容的案例，引导学生对两类案例进行分析，让学生体会到原谅与宽容的异同。例如，引导学生对"一个同学不小心绊倒了小文，虽然小文膝盖流血了，但还是接受了那个同学的道歉"和"小熙转学来到一个新学校，同学没有嘲笑他的家乡口音，而是觉得他的家乡口音很有特色，还要向他学呢"这两个案例进行分析，让学生体会到宽容是对差异的接纳以及和差异积极共存，原谅只是宽容的形式之一，是对于造成伤害的差异的接纳。除了对发生在儿童身边的案例进行分析之外，教师还可以通过引用经典影视和文学著作中的宽容故事来帮助儿童形成对原谅和宽容的深入理解。《放牛班的春天》中拥有天籁般嗓音的皮埃尔向马修老师扔了墨水瓶，马修老师取消了他在合唱中的独唱部分，但在慈善委员会来访时，马修老师通过让皮埃尔参加演唱的方式原谅了他。在《悲惨世界》中，在任何人都排斥坐了19年牢的冉阿让，不愿帮助他，甚至都不愿跟他说一句话的时候，米里哀主教把他当作尊贵的客人招待，并燃起了那对银烛台，这是主教对冉阿让的宽容。当冉阿让偷了主教的烛台并被押送到主教面前，在他尚未道歉的情况下，主教主动以朋友相称并说这对银烛台是送给冉阿让的礼物。这是主教对冉阿让的原谅和宽容。教师可以通过引导学生从这些经典的故事中体会原谅和宽容的关系。对于儿童将宽容和忍耐相混淆的问题以及将宽容和纵容相混淆的问题也是一样，教师同样可以通过案例分析的方式和经典故事阅读的方式来帮助儿童形成对宽容的正确理解。

第四章
情不自禁的宽容

对于年龄小的儿童，由于他的语言能力尚没有达到可以清晰完整地表达自己体验的水平，所以我们采用观察以及对父母进行访谈的方式来获得儿童的宽容体验，第一、第二章关于原初形态的宽容和不宽容的故事都是通过这样的方式获得的。对于大一点的儿童，因为他们已经具备了一定的语言表达能力，我们可以采用直接访谈的方式来了解他们的宽容体验。对于更成熟一点的儿童，他们拥有良好的语词理解和文字表达能力，我们可以请他们对自己的宽容体验进行回忆描述，以此获得他们的宽容体验。第三章以及接下来的几章所出现的儿童的宽容体验大多都是通过这两种方式获得的。在研究过程中我们发现儿童的宽容体验虽各不相同，但某些不同的宽容中却存在具有共同特征的引发机制。我们将以不同的引发机制为分类标准来呈现不同类别的儿童宽容体验。这章主要探讨的是儿童情不自禁的宽容。

第一节　情不自禁的宽容

在研究过程中我们发现在儿童的宽容体验中存在这样一种类型，那就是将宽容体验为情不自禁的。在某些情境中，不经理性判断和选择，宽容就发生了。情之所至，不能自已。在别人看来难以宽容的事情，或者之前自己也觉得难以宽容的事情，在面对特定的人的时候，却莫名其妙地就宽容了。从儿童的宽容体验描述来看，小孩子的眼神、笑脸、哭声，年轻妈妈的羞愧，兄弟之间的脸红、击拳，班级中同学之间善意的外号都是情不自禁的宽容的理由。接下来让我们详细了解一下儿童的这种宽容体验。

一、由爱引发的宽容

爱是人类一种非常原初的情感，很多情不自禁的宽容都是由爱引发的。爱通常又可以分为亲情之爱、友情之爱和恋情之爱。在儿童的宽容体验中我们可以看到由亲情之爱、友情之爱所引发的情不自禁的宽容。

（一）由亲情之爱引发的宽容

妈妈叫楠楠洗脸叫了好几次，楠楠正在看动画片一直没有过来。妈妈过去把楠楠抱到洗手间，楠楠一路挣扎着。被妈妈放下之后，楠楠一气之下把香皂扔到客厅，扔得挺远。妈妈也有点生气了，很严肃地让他去捡回来，楠楠就是不去。妈妈又说了好几遍，楠楠还是一动不动。妈妈真的生气了，说："你是想要自己一个人在卫生间反省错误吗?"听了这话，楠楠哭了。一边哭一边往妈妈身上靠，让妈妈抱。妈妈把他推开，说："不听话的孩子妈妈不抱! 你是捡香皂还是在卫生间反省?"楠楠一边哭一边跑到客厅把香皂捡了起来。妈妈说："这才是好孩子，来赶紧洗脸。"洗完脸楠楠就不哭了。妈妈给他抹擦脸油的时候，楠楠搂着妈妈又是亲、又是抱的。爸爸觉得很有意思，就问楠楠："宝贝，刚刚谁批评你了?"楠楠继续搂着妈妈，看都不看爸爸，说："没有啊。"爸爸又说："我都看到了，妈妈很严肃地批评了你。楠楠振振有词地说："妈妈批评我怎么了，妈妈批评我也没关系。妈妈批评我，我也一样喜欢妈妈!"说着又朝妈妈脸上亲了一口。

　　被严厉批评最容易引发本能的反击和敌对，反击和敌对恰恰就是不宽容的表现。但是对于楠楠来说，虽然妈妈批评了他，但是他却没有反击，也没有和妈妈敌对。反而往妈妈身上靠，依然和妈妈亲密无间，又搂又抱。当爸爸试图"离间"母子两个的时候，楠楠先是不承认被批评。爸爸再次追问时，楠楠虽然承认了，但同时坚定地表明了自己的立场，"妈妈批评我也没关系。妈妈批评我，我也一样喜欢妈妈"，这意味着楠楠丝毫没有因为妈妈批评他而怨恨妈妈，这正是宽容。是什么让楠楠对妈妈如此宽容? 应该是母子之间的那份亲情之爱吧。

　　(二)由友情之爱引发的宽容

　　除了由亲情之爱引发的宽容之外，在儿童的宽容体验中，我们还看到一个发生在好朋友之间的故事，它很好地呈现了由友情之爱引发的宽容。

前段时间我和我最好的兄弟发生"口角战争"，回想起来还真是觉得傻傻的。我们分在不同的班级，但总是一起去打饭。那天打饭也忘了争论什么事情，后来就吵起来了。我心里突地燃起一团火，就骂了脏话，还绝情地说："你不配做我的兄弟。"他气愤地看着我，毫不留情地给了我一拳，然后扭头就走。我愣了几秒钟，也回了教室。下午的两节课我什么都没听进去，一方面，我非常自责，怎么能对兄弟说那样的话呢？另一方面，我又很气愤，他怎么能在大庭广众之下打我呢？我要不要找他道歉？毕竟是我先骂他的。可是这样是不是很没面子？他还打了我呢。我心里无比纠结。中午没有吃饭，肚子饿得咕咕叫，第二节课课间我就到小卖店买吃的。我正要进去，他正要出来，我们碰了一个正着。那一瞬间我脑子里一片空白，只记得我们两个不约而同地伸出了手相互击拳，感觉自己脸上烧烧的，眼睛也热热的，我看到他眼睛也红红的。

对于高中的男生来说，一方面兄弟情义非常重要，一方面血气方刚容易冲动。所以即使在好朋友、好兄弟之间，冲突也在所难免。但是骂过、打过、放过狠话之后，他们心里其实满是后悔和纠结，饭吃不下去，课也听不进去。在小卖店的门口两个人不期而遇，而且是面对面碰了个正着。之前所有的那些犹豫和纠结都不见了，两个人不约而同地伸出手相互击拳。无须过多的思考，无须任何话语，当两只拳头撞击在一起的瞬间，这两个男生都感动了，是友谊的力量让他们彼此宽容。

二、由同情引发的宽容

在研究过程中我们发现，除了可以由爱引发情不自禁的宽容之外，同情也可以引发儿童产生这种宽容体验。由同情引发的宽容也可以分为不同的情况，如由对亲人的同情引发的宽容、由对熟人的同情引发的宽容以及由对陌生人的同情引发的宽容。

（一）由对亲人的同情引发的宽容

在多个同类的宽容体验中，下面这个女孩所描述的对妹妹从不宽容到宽容的故事深深地吸引着我。现在，多子女家庭越来越多，这个故事可能唤起家庭中哥哥、姐姐类似的体验。

我有个小我九岁的妹妹。妈妈怀孕时，我就一直担心即将出生的小孩会抢走爸爸妈妈对我的爱。果然，妹妹一出生，全家人都围着她转，没有人顾得上我。我觉得全家人都只喜欢她，不喜欢我。我嫉妒她，平常也不怎么理她。那时我经常想如果妈妈没有生她该有多好，全家人还是会像以前那样爱我、喜欢我。我的这些情绪不敢跟爸妈讲，我怕一说，他们就会承认他们确实更喜欢妹妹。一天妈妈下楼扔垃圾了，妹妹醒了在房间里哇哇大哭。我捂住自己的耳朵，不想理她。但是感觉她哭得越来越厉害，我心里特别烦躁，不想去看她，但同时又越来越担心，很想去看她。最终我推开了妹妹房间的门，走到她的小床边。妹妹看到我过来立马就不哭了，还朝我笑了。她的眼睛里、脸上满是泪水。妹妹含着泪水的笑脸触动着我的心，原来她这么无助、这么可怜、这么可爱，我所有的嫉妒、恨还有担心都没有了，从那个时候起我就开始喜欢妹妹了。

当了九年的独生女，习惯了被家里所有人捧在手心里照顾呵护。妹妹的出生改变了这一切，这让姐姐无比担心，同时也对妹妹充满了嫉妒，以至于平常都不怎么理她。一个偶然的机会和妹妹独处，听到妹妹哭得厉害，姐姐心里非常矛盾。一方面觉得烦躁不想听她哭，不想管她，另一方面又忍不住开始担心。当妹妹看到姐姐就停止了哭泣，并朝姐姐笑的那个瞬间，姐姐就被她征服了，被她含着泪水的笑脸征服了，被她的可怜和可爱征服了。就是那个瞬间，姐姐宽容了妹妹，而且开始喜欢妹妹。

(二)由对熟人的同情引发的宽容

如果你认识一个人，但是和他并算不上朋友，那么这个人往往会被我们划入"熟人"这个范畴。之所以只是熟人而不是朋友，就是因为你对他缺少那份友爱。虽然缺少友爱，你同样会情不自禁地宽容他，在这个宽容背后往往是同情。下面的这个故事来自一个跟随妈妈去加拿大访学的小女孩。她和妈妈跟一个中国家庭分租一套两层的小别墅，故事所描述的就是小女孩对邻家的小男孩的宽容。

我和小林住在同一栋房子里，小林和他爸妈住在一层，我和妈妈住在二层。我很喜欢看书，放学了，我就想在自己房间里安安静静地看书。但是小林太吵了，可能是男孩子吧，总是在楼下弄出各种噪声。妈妈说这个房子是木头做的，隔音效果不好，说小林还小，我是姐姐，要宽容他。有好几次，他实在太吵了，我就非常生气地下楼想训他，但是我一下楼，他就冲过来拉着我的手，用无比期盼的眼神望着我说："依依姐姐，你是下来跟我一起玩的吗?"然后就拉着我看他用各种厨房器具组的"乐队"，要不然就是他的玩具，要不然就是他画的画。他的手、他的眼神、他看到我时的那股高兴劲儿，不知怎么回事就让我没了火气，本来想训他的话也都消失了，觉得小林真是挺可爱的。

加拿大很多别墅都是木质结构，所以隔音效果很差。合住的人彼此打扰是经常发生的事情。但被打扰总是让人不舒服的，尤其是当你正在做自己喜欢的事情时。对于依依来说，安安静静地看书是她最喜欢的事情，而且在和小林住同一栋房子之前，她总是可以享受自己看书的时光。小林的吵闹打扰了依依，使她不能安静地沉浸在书所呈现给她的世界里。非常生气的依依冲下楼想去制止小林的吵闹，但是小林却没有觉察依依的火气，还以为依依要来和他一起玩呢。当他拉着依依的手，用无比期盼的眼神望着依依，向依依展示他的玩具，真诚地邀请依依陪他玩的时候，依依的火气就莫名其妙地消了。是小林的天真、真诚、热情以及对她的喜欢感染了依依，让她喜欢小林，感受到小林的可爱，对于之前吵闹的事情就自然而然地宽容了。

（三）由对陌生人的同情引发的宽容

不仅对亲人、对熟人的同情可以引发宽容，对陌生人的同情也同样可以引发宽容，下面这个中学生所描述的宽容体验正是由对陌生人的同情引发的。

拥挤的公交车上，我给一个抱着孩子的年轻妈妈让了座位。突然坐在她腿上的小男孩尿了，尽管我迅速地向旁边闪去，但因为车厢太拥挤，裤子还是被弄脏了。"这么倒霉啊！"我心里暗想，连忙翻出纸巾来擦，眉头也不自觉地皱了起来。那个年轻妈妈脸一下子红了，连忙将孩子放在座位上，一边说对不起，一边起身给我擦衣服。看着她满脸的愧疚我不由想到了自己的妈妈，"没事，阿姨。我自己来就行了。小孩子的尿没关系的。您坐吧，小心别磕着孩子"。没有经过思考，这些话下意识地就冒了出来。听了我的话，年轻妈妈赶紧坐回去抱起了孩子，眼中充满了无限的感激。我的心情也很舒畅。

出于好心给抱着小孩的年轻妈妈让座，没想到小孩居然把尿撒到"我"身上。对于排泄物，人们总是会本能地厌恶，何况还是一个陌生人的。这个中学生的第一反应是赶紧擦掉，虽然知道擦不干净，但总是能缓解一下自己的厌恶情绪。那位年轻的妈妈非常羞愧，赶紧把孩子放到一边，过来给中学生擦裤子。在裤子被弄脏的一瞬间，这个中学生觉得自己太倒霉了，自然对这对母子也心怀埋怨。但是当看到年轻妈妈羞愧的脸，他不由想到了自己的妈妈，下意识地表达了宽容。虽然这个转变很快，他自己都不知道这个转变是如何发生的，但是显然他想到了自己的妈妈，想到了自己小时候，想到了也许自己也曾把尿弄到别人身上，妈妈也曾如眼前这位阿姨般羞愧难堪。中学生的这些同情让他下意识地表达出宽容。

第二节　基于爱和同情的宽容

如果要进一步分析情不自禁的宽容中的"情"究竟指的是什么，我们认为其中最重要的是爱和同情。当我们说"爱和同情可以引发宽容"的时候，其实已经默认了一点，那就是爱和同情比宽容更为原初。爱和同情是否具有这种原初性呢？爱和同情要怎样理解呢？"爱"和"同情"是怎么引发了宽容呢？这是我们接下来要讨论的问题。

一、爱和同情作为人类价值意识的起源

在西方伦理学中，爱和同情常常被看作人类价值意识的起源。当然，对于爱和同情哪一个更为原初的问题，不同的思想家有不同的看法。这里我们并不想陷入对这个问题的讨论，而是基于已有的对于爱和同情的研究来对宽容这项价值进行分析。

舍勒从情感现象学的视角出发，认为爱是最原初的价值意识，他指出"爱是原行为，通过它，一个在者离开自己（但仍然是这个有限的在者），以便作为意向性之在者，分有并参与另

一在者之在，使二者不会以任何方式成为彼此分离的实在部分"①。显然，这句话中的"行为"并不是指身体行动，而是指意识活动。爱这种意识活动使得两个或多个有限的在者超越自己，参与彼此，分有彼此，成为不可分离的共同存在。在人类情感中的亲情之爱、友情之爱和恋情之爱都是处在爱之关系中的个体超越自身、参与和分有自己所爱的人的存在，并使自己的存在和所爱之人的存在联结在一起成为共同的存在。这在父母对孩子的爱，尤其是母爱中表现得最为质朴和明显。怀胎十月不仅仅是在一个女人的子宫中有一个正在发育的胎儿这样的客观事实，这个胎儿不仅仅是在这个女人的子宫之中，更重要的是他融入这个准妈妈的自我存在意识之中，这种融入从本质上说就是母爱。母爱使得妈妈从内心深处体验到自己和孩子共同存在。有不少准妈妈在临产之前往往会有矛盾的心理状态，既期盼孩子早日降临又舍不得孩子从自己的身体里分离。这种不舍也是母爱的表现，因为身体上的分离昭示着共同存在状态形式上的终止。孩子出生以后，母爱使得妈妈总是将自己和孩子联结在一起，虽然孩子不在妈妈的子宫之中，但是永远在妈妈的心里。孩子对于父母的爱也是一样，孩子也会把父母视为和自己联结在一起的共同存在。父母的喜怒哀乐牵动着孩子幼小的心灵，即使像前文例子所示楠楠一样被妈妈严厉批评过，也并不会改变他对妈妈坚定不移的爱。长久以来，人们都相信

① ［德］舍勒：《舍勒选集》，刘小枫等译，750页，上海，上海三联书店，1999。

笛卡尔的论断"我思故我在"，认为人从本质上说是思之在者。但是在舍勒看来，在人是思之在者或意愿之在者之前，他就已是爱之在者。思和意愿都需要一种先于思和意愿并赋予它们以方向和内涵的爱，所以"爱始终是激发认识和意愿的催醒女，是精神和理性之母"①。如果要理解一个人，那最重要的就是把握这个人的爱的秩序。

在舍勒看来爱是自发性的，原初的意识活动，而同情是反应性的、被动的意识活动，"一切具有正面价值的'自发性'行为都应优先于单纯的'反应性'行为"②。从这个意义上看，同情相对于爱来说不够原初，但它同样是非常重要的价值意识。舍勒曾区分四种完全不同的事实：直接的同感、参与某种情境的同感、单纯的感情传感和真正的体验性感觉。在他看来只有前两种属于同情。在直接的同感中，他人的感受不是作为客体被给予，而是"我"和他人有完全相同的感受。"共同感受是最高形式的同情感，它专指心灵上的共同感受，不可能有共同的感官感受。"③"这种情况是以爱的最高形式为前提的。"④参与某种情境的同感"表现为一种反应，即对于在再感觉中所发生的他人感觉之事实和属于此一事实之现象中的价值的反应"⑤，当然在舍勒看米这种同情也是以爱为前提的，如果你不爱一个人，

---

① ［德］舍勒：《舍勒选集》，刘小枫等译，751 页，上海，上海三联书店，1999。
② 同上书，279 页。
③ 张任之：《爱与同情感——舍勒思想中的奠基关系》，载《浙江学刊》，2003(3)。
④ ［德］舍勒：《舍勒选集》，刘小枫等译，286 页，上海，上海三联书店，1999。
⑤ 同上书，287 页。

那么你就不会主动地参与和分有他的感觉和价值状态，那就不可能产生对他的感觉的再感觉。在这种再感觉中，他人的感觉是作为客体被给予的，所以这种同情不像直接的同感那样以爱的最高形式为前提。前文中两个好朋友打架之后的情感体验可以算得上是直接的同感，他们在内心深处对于打架这件事情有共同的感受，这种感受以他们彼此之间深厚的友爱为前提。而前文中依依对于小林的情感反应以及公交车上中学生对于年轻妈妈的情感反应都属于参与某种情境的同感。依依是被小林的真诚和热情打动，自己也变得真诚和热情。中学生是感觉到年轻妈妈的羞愧和尴尬，想到了自己妈妈的羞愧和尴尬。

　　同样对爱和同情进行过深入探究的还有亚当·斯密（Adam Smith）。和舍勒不同，在斯密看来，同情是比爱更为原初的价值意识。"无论一个人在别人看来有多么自私，但他的天性中显然总还是存在着一些本能，因为这些本能，他会关心别人的命运，会对别人的幸福感同身受，尽管他从他人的幸福中除了感到高兴之外，一无所得。"[1]斯密这里所说的本能就是同情。那这种本能的同情是如何发生的呢？斯密认为，"通过想象，我们将自己放置在他所处的境地中，以为自己正承受着完全相同的折磨，就仿佛我们进入了他的躯体，在某种程度上与他合而为一，因而对他的感觉有所感觉，甚至我们会体会到一些虽然程度较轻、但本质差不多的感受"[2]。值得注意的是在斯密看

---

① ［英］亚当·斯密：《道德情操论》，王秀莉译，1页，上海，上海三联书店，2011。
② 同上书，2页。

来，引发同情不仅是目击者感觉到当事人的某种激情，还包括目击者对于引发当事人激情的境况的理解，这两者合在一起才引发目击者的同情。"无论当事人对其他对象产生的是何种激情，每一个有心的目击者只要一想到当事人的处境，心中就会翻涌起类似的激情。"①斯密认为引发同情的过程也是对当事人的激情进行评价的过程，"在旁观者看来，如果当事人的原始激情同他们对此表示同情的情绪完全一致，那么他们必然会认为这种激情是正确得当的，是符合客观实际的；相反，当旁观者发现自己处于当事人的情形下产生的感受会与当事人的原始激情不符合时，那么，这些情绪在他看来必然是不正确而又不恰当的，是不切实际的"②。

接下来的这个故事是一位高中生回忆自己初中时获得的"外号"。从她的描述中，我们可以看到由爱和同情共同引发的宽容。

物理课上，老师正在仔细地讲着试题，同学们也听得聚精会神。突然听到老师叫我的名字，我就立马站起来，还大声答了一声"到!"。我站起来时，老师用他那茫然的大眼睛看着我，我顿时也懵了。老师笑着说："我说的是'专题二'，没叫你呀!"霎时，同学们哄堂大笑。我羞愧难当地赶紧坐到座位上，坐下之后自己想想也觉得挺好笑。这节课后，我就有了新的外号"专题二"，也许很多人都会觉得外号不好，而且还带个"二"

① ［英］亚当·斯密：《道德情操论》，王秀莉译，3页，上海，上海三联书店，2011。
② 同上书，11页。

字，但我觉得挺好玩的。可能是我们班同学之间处得都很好吧，反正有人这么叫我的时候，我丝毫没有介意。最开始就是几个调皮的同学这么叫我，后来几乎全班的同学都这么叫我，我真的觉得挺亲切的。现在中学毕业了，每当听到有人这么叫我，我就觉得很幸福、很美好，它能时不时地让我回忆起中学和大家在一起的美好时光。

回忆学生时代，很多人都有过外号吧。有些外号听着就是贬义，有些外号听着就是赞美。这些外号可能记载着别人对你的调侃，也可能记载着别人对你的喜爱。有些人很讨厌自己的外号，有些人则很喜欢自己的外号，关键在于是谁，在什么情境下给你取了外号。这个女生的外号虽然比较怪异，而且还带个"二"字，但是她自己也觉得在老师说"专题二"的时候她站起来这件事情非常好玩，所以她很理解同学们为什么这么叫她。从最开始宽容同学这么叫她，到后来觉得这个外号亲切，再到毕业之后怀念这个外号，其中包含了她对同学的同情和爱。试想，如果是在一个不友好、不温暖的班级，这个女生也许就不会喜欢这个"专题二"的外号了吧。

斯密曾经提到同情可能被误认为是源于自爱，因为人们将同情理解为产生于与主要当事人相关的某种设想中的位置的替换，通过想象同样的事情发生在自己身上才产生同情。斯密否认了这一观点。"虽然严格地说同情产生于一种与主要当事人相关的某种设想中的位置的替换，然而这种设想的变化并不认定是偶然发生在我们自己的身上，而是发生在我们所同情的那个人身上。……是去考虑，如果我真的是你……是全然产生于同你相关的事情之中。"①也就是说同情发生的过程是"我"设身处地地为"你"考虑的过程，这个时候同情者关注的不是"我"，而是"你"，仿佛暂时地遗忘了自己的存在，而成了"你"。所以在斯密看来同情并不是源于自爱，而是最为原初的一种价值意识。

在我国古代文献尤其是儒家思想中同样有对爱和同情的探讨，而且与西方伦理学热衷于分析爱和同情何者更为原初的道路相比，我国古代对爱和同情的讨论更具融合性。"无论是将'爱'还是将'同情'看作是第一性的道德意识，都不会与孟子的基本想法相背。事实上孟子和孔子都曾有过'仁者爱人'的定义。……原则上可以确立，'爱'与'同情'在儒家创始人那里被看是作道德意识的万源之源。"②

儒家思想以仁爱著称，曾子将孔子的仁爱之道理解为"夫子之道，忠恕而已矣"③。根据朱熹等人的评注，我们又可以分别用"己欲立而立人，己欲达而达人"④和"己所不欲，勿施于人"⑤来理解"忠"和"恕"的含义。从表面上看，除了对"仁爱"的直接强调以外，我们看不到有关同情的讨论。但是稍加分析便

---

① ［英］亚当·斯密：《道德情操论》，王秀莉译，384～385 页，上海，上海三联书店，2011。

② 倪梁康：《心的秩序——一种现象学心学研究的可能性》，132～133 页，南京，江苏人民出版社，2010。

③ 《论语·里仁篇》。

④ 《论语·雍也篇》。

⑤ 《论语·卫灵公篇》。

能看出，"对'忠、恕'思想或'己所不欲，勿施于人'律令的认可实际上包含着一个隐含的或被默认的前提：人所具有的同情心，或者用道德中性的概念来表述：人的同感能力"①。如果没有同情心，没有感知他人情绪情感的能力，那人如何能体会到别人之欲和别人之不欲？如何将自己之欲达和别人之欲达联系起来？所以虽然孔子、曾子没有直接说明同情的重要性，但实际上同情具有非常原初的地位，是仁爱之忠恕能够实现的前提。

直接提出爱和同情的是孟子，"恻隐之心，人皆有之；羞恶之心，人皆有之；恭敬之心，人皆有之；是非之心，人皆有之。恻隐之心，仁也；羞恶之心，义也；恭敬之心，礼也；是非之心，智也。仁义礼智，非由外铄我也，我固有之也，弗思耳矣"②。孟子将恻隐之心、羞恶之心、恭敬之心和是非之心视为人天生之端，其中的恻隐之心也就是同情之心。孟子认为"恻隐之心，仁也"，据此我们可以理解为他将同情和仁爱等同起来。但毕竟同情心只是人先天之端，而儒家仁爱思想博大精深，微至人的自然情感如亲情，广至整个社会的伦理如忠恕，所以这里也可以理解为人先天的同情心是仁爱的始发萌芽状态。无论怎么理解，都能看出爱和同情在儒家思想中作为原初的价值意识的地位。

---

① 倪梁康：《心的秩序——一种现象学心学研究的可能性》，130页，南京，江苏人民出版社，2010。

② 《孟子·告子上》。

二、爱和同情何以引发宽容

从表面上看本章所呈现的宽容体验都具有情不自禁的特征，通过分析可以看出这种情不自禁的"情"主要是爱和同情这两种原初的价值意识。孟子曰："人之所不学而能者，其良能也；所不虑而知者，其良知也。"[①]从这个意义上说爱和同情就是人之良能，人天生就有爱和同情的能力，可以不学而能。而宽容则不属于良能的范畴，它是人在后天的社会生活中通过和人的交往而逐渐习得的社会性价值。作为一种社会性的价值，一定能从人原初的价值意识中找到它的基础。其基础之一就是爱和同情，当然作为一种社会价值他还有其他的前提，如认知和理性层面的前提等，在这里我们主要分析爱和同情这两种人的良能如何引发宽容。

(一)爱何以引发宽容

舍勒曾说在人是思之在者和意愿之在者之前，人首先是爱之在者，爱是精神和理性之母。舍勒对爱的理解不同于我们日常将爱理解为对某个人或事物的爱。虽然舍勒所说的爱包含对人或事物的爱，但从本质上说是对人和事物所承载的价值的爱。"实际上，爱在本原上是朝向价值对象，并且只是在这个范围内朝向人，即仅当人是价值的承载者并且仅当人能够使价值提高。"[②]也就是说人和其他的事物只有作为价值的承载者才

---

① 《孟子·尽心上》。
② 黄裕生：《情感何以是有序的？——续论马克斯·舍勒的"质料的价值伦理学"基础》，载《宗教与哲学》，2013(2)。

成为爱的对象。爱某个对象是"使对象身上的更高价值在爱的运动中完整而连续地浮现出来——就好像这种更高价值是出于所爱的对象本身而从'自身'涌现出来，而没有施爱者的任何努力的行为（干预）"①。何谓对象身上的更高的价值？不是对象对于我的有用性的价值，而是使得对象成为它自身的那种本然的价值存在。所以从根本上说"爱对象就是让对象成为它自身，使对象作为自身存在"。"爱没有'命令'，没有'规定'，没有'要求'。爱不对对象提出'应当如何'的要求，不以'你应当……的方式对待对象或要求对象，而是如对象自己能是的那样对待对象。"②也正是在这个意义上，我们才能理解为什么爱能够引发宽容，因为爱就是让被爱者如自己所是的那样，如自己所能是的那样存在。所以对于被爱者的言行以及存在方式不做强行的干预和改变，只是倾心所愿地期待着、欣赏着被爱者所能承载的更高的价值，这显然已经是宽容了。爱一定是对于所爱的对象所承载的整体的价值状态的爱，由爱引发的宽容往往是对所爱的对象在不超出这种被爱的价值状态范围的前提下所表现出来的偶然的、暂时的、局部的价值情境的宽容，所以由爱引发的宽容也是有界限的。如果所爱对象的某种价值情境超出了被爱的价值状态范围，则不会被宽容。

（二）由爱引发的宽容

这一类宽容的显著代表是父母对孩子的宽容。父母对孩子

---

①②　黄裕生：《情感何以是有序的？——续论马克斯·舍勒的"质料的价值伦理学"基础》，载《宗教与哲学》，2013(2)。

的爱本质上是对一种能够延续父母存在的、柔弱无助的、充满无限可能性的、正在成长着的希望的爱，父母所爱的就是孩子身上所承载的这种能够不断地更好地实现的价值状态。只要孩子的言行没有超出这样一种价值状态，那父母就不会强行制止或改变孩子，而是对孩子保持宽容。胎儿把妈妈的肚皮蹬得生疼，妈妈还是含着眼泪幸福地微笑；婴儿非要人抱着才不哭，爸妈就不睡觉整晚轮班抱着他；儿子把爸爸的一份重要文件撕成了满地大小不一的"雪片"，爸爸没有批评儿子，反倒是埋怨自己没有放好文件；女儿不好好学习，高考落榜，妈妈没有丝毫的批评而是紧紧抱着伤心流泪的女儿。这是因为在父母的眼中，孩子的这些行为都没有超出父母所爱的价值状态的范围，这份爱给予孩子广阔的实现更好的价值的空间，这份空间的给予就意味着宽容。

与此相应的有孩子出于爱对父母的宽容，孩子对父母的爱也不是单纯对从生物学意义上给予他生命的那个男人和女人的爱，否则就无法解释孩子对于养父母的真挚的爱。孩子对父母的爱是对一种最稳定、最舒适、最有安全感、让他的身心最依赖的保障的爱，孩子所爱的就是父母身上所承载的这种价值状态。只要父母的言行没有超出这种价值状态的边界，孩子就会对父母宽容。对于那些体验到父母的这种价值状态并爱上这种价值状态的孩子来说，即使偶尔被父母批评，他依然把父母体验为最亲密的、最能给他安全感和舒适感的存在，所以他不会从心里产生敌对和反击的情绪，就像前文提到的楠楠一样，即使被妈妈严厉批评了，也一样喜欢妈妈。

　　还有由朋友之爱而引发的宽容，朋友又称知己，知己的心是相通的，灵魂是相融的，就像伯牙子期高山流水，就像王勃"海内存知己，天涯若比邻"。对于朋友的爱实际上是对那份在另一个人身上体现的和"我"一样的价值状态的爱，只要"我"依然体验到他有着和"我"一样的价值状态，只要我们彼此依然懂朋友之所想，念朋友之所念，惺惺相惜，苦乐与共。那即使发生了什么不愉快的事情，友爱这种强大神秘的力量也会促使两个人不约而同地彼此宽容，握手言欢。

　　以上这些由爱引发的宽容都是个体在直接体验到对对象之爱的情境中引发的宽容，如父母对孩子的爱、孩子对父母的爱、朋友之爱等。除了这些可以直接对对象有所体验的爱之外，还存在另一类价值的承载者，如家、班级、国家、世界，以及和我们同在一个世界上的陌生人。如果说对于第一类价值承载者的爱往往是人自然就能产生的话，那么对于第二类价值承载者的爱则需要通过学习，通过受教育才能产生，我们把这种爱称为传习的爱。传习的爱同样可以引发宽容，就像被同学们称为"专题二"的那个女生正是因为她爱自己所在的班级，爱班级中的每一个同学，她才能宽容这个外号，欣然接受这个外号。她不是天生就爱自己的班级，而是在班级生活中，在老师的教育和同学的影响下渐渐产生了对于班级的爱，这种爱引发了她的宽容。虽然自然产生之爱是传习之爱的基础，但传习之爱所引发的宽容却往往比由自然产生之爱所引发的宽容更具深意。

(三)同情何以引发宽容

从舍勒和斯密对同情的分析我们可以看出同情就是一个人感觉到另一个人的某种情感，并理解使得这个人产生这种情感的境况，从内心深处产生和这个人同样性质的情感这样一个过程。简而言之就是换位思考，把自己想象成是那个人，设身处地地和别人产生共鸣。那同情如何引发宽容呢？可以分为两种情况，一种是如果我是你，我会和你有同样的情感，在这种情感之下我会做和你同样的事情，所以对于你做的事情，我可以宽容。还有另一种情况，如果我是你，我会和你有同样的情感，我会希望别人如何回应我的情感？如果我希望获得积极的回应则意味着此时我也应该给予别人积极的回应，那就是宽容。第一种可以看作我对于换位之后联想中的那个处在对方处境之中的我的直接宽容，第二种则是我希望处在对方处境中的我能获得别人的宽容，所以此刻我宽容别人。由此看出由同情引发的宽容也是有条件的，不是任何的同情都能引发宽容，只有在我不仅和对方有情感共鸣，而且基于这情感共鸣产生做出同样的言行的联想，或者我不仅和对方有情感共鸣，而且联想中处于对方之处境的我期望获得别人的宽容，在这两种情况下，我会因同情而对对方宽容。如果仅有情感共鸣但没有产生做出相同言行的联想，也没有获得别人宽容的联想，则不会由同情引发宽容。比如，我开车行驶在路上，看到旁边车道的车撞了一个行人。伴随着刺耳的刹车声，我也陷入巨大的惊恐和紧张之中，虽然程度肯定不及肇事司机，但此时此刻，我和肇事司机产生了同情。如果肇事车辆突然加速，逃之夭夭，虽然我之前产生了同情，但是这份同情并不会让我宽容肇事司机的逃逸，因为如果是我，我不会和那位司机一样逃走，所以对于司机的行为我不宽容。

（四）由同情引发的宽容

前文所提到的朋友之间发生冲突，一个骂了另一个，另一个回击打了这个，之后两人却不约而同地击拳言和就属于第一种由同情引发宽容的情况。正是因为好兄弟之间能够体验到彼此的情感、理解彼此所处的境地，而且知道在那种情境下自己也会做出和对方同样的行为，所以可以宽容对方的行为，这种对对方的宽容，也就是对于换位之后联想中的那个处在对方处境之中的我的宽容。

姐姐对于比自己小九岁的妹妹宽容、依依对于小林的宽容都属于第二种由同情引发宽容的情况。妹妹的哭声让姐姐直接感知到妹妹的恐惧和伤心，而且姐姐了解妹妹是因为独自一人待在房间里，身边没有熟悉的家人才恐惧和伤心，当妹妹看到姐姐立马破涕为笑，虽然眼睛里和脸上还满是泪水，但安心的笑容却表达出看到家人的安全感和满足。如果我是妹妹，我也会像妹妹一样因看不到家人而恐惧，因看到家人而满足，当我向姐姐笑时，我希望得到姐姐什么样的回应？显然我希望姐姐看到我，就像我看到她那样高兴。正是由同情引发的在瞬间内完成的一系列思考让姐姐宽容了妹妹在这个家庭中的存在。依依对小林的宽容也是同样的情况，依依从小林真诚的眼神、兴奋的语气以及迫不及待地拉着她看他的玩具这些言行中直接地感知到小林对于她的喜欢和热情。如果我是小林，我如此喜欢一位姐姐，我期待姐姐给我什么样的回应呢？我当然希望姐姐也同样喜欢我，同样对我也很热情。正是经过了这样的思维过程，依依才宽容了小林之前的吵闹。

"基于同情对象的不同类型，同情可区分为'个体的同情''社会的同情'和'人类的同情'三种基本类型。个体的同情是人们对于某个具体个人的遭遇或行为在情感上所发生的共鸣。……社会的同情是一种比较复杂、高级的同情类型，建立在对某一特殊社会群体之中的个体同情基础之上并自始至终包含丰富的个体同情。……人类的同情则是最高级的同情类型，它超越了同情的社会文化限制，表达了同情主体对人类总体生存状况的哲学、伦理甚至宗教的关怀、喜乐或悲悯。"①按照这个对同情的分类来看，前文中我们所讨论的都是个体对于自己直接能感觉和理解的人的同情，进而引发宽容，也就是由个体同情引发的宽容。社会同情和人类同情能不能引发宽容呢？答案当然是肯定的。像伏尔泰基于法国社会所倡导的宗教宽容和房龙立足于世界文明发展进程所高呼的文化宽容，从中都能找到社

---

①　石中英：《社会同情与公民形成》，载《北京师范大学学报(社会科学版)》，2012(2)。

会同情和人类同情的成分。社会同情和人类同情奠基于个体同情之上，但却比个体同情更为丰富和复杂。个体同情是每个人都会自然体验到的，而社会同情和人类同情则需要教育教化和社会传习才能形成，所以由这两种同情所引发的宽容也就增添了更多的社会文明和文化的含义，从而更具深意。

第三节 以爱和同情的教育为基础来培养儿童的宽容意识

虽然宽容不是人类天然的价值意识，但是爱和同情作为人类原初的价值意识可以引发宽容，所以我们可以以爱和同情的教育为基础来培养儿童的宽容品质。本能的爱和个体的同情无需通过教育就能自发产生，也能引发宽容，但其影响范围往往仅局限在家庭、朋友这些个体能直接感知到的小圈子之内。要想培养儿童超越个体自然经验的宽容意识，可以通过教育培养儿童传习的爱、社会同情和人类同情，这种更具超越性的爱和同情才能引发儿童超越个体自然经验的宽容意识。

一、根据儿童爱的秩序，培养儿童宽容意识

根据舍勒对爱的解释，爱的对象从本质上说是某种价值，而不是某个人或事物。爱是有秩序的，把握了一个人爱的秩序就真正了解了这个人。何谓爱的秩序？可以从描述性和规范性两个层面来理解这个概念。爱的秩序可以是对个体所爱价值之排序的描述，也就是对个体的爱的秩序的描述。爱的秩序还可

以做如下理解，即价值作为一种质性在我们的爱、偏好和感受中呈现出一种可直观的先验秩序，也就是从低到高的感性价值、生命价值、精神价值和神圣价值，个人爱的秩序应该符合价值的这种先验秩序，这也就是爱的秩序所具有的规范性的含义。最理想的状态是个体的描述性的爱的秩序和先验的规范性的爱的秩序保持一致，舍勒把这种爱视为"正确而有序"，如果两者不一致，则是个体之爱的"不正确和无序"。"每个对象就其脱去偶然性而就其本质而言，它在阶梯式秩序中都占据着一个完全确定而唯一的位置——这个位置是与心灵朝向这个对象的一种确定的、层次分明的运动相对应的。如果我们'切中'这个位置，那么我们就爱得正确而有序（richtig und geordnet）；如果位置调错了，如果在激情和冲动影响下改变了分层级序，那么我们的爱就是不正确的和无序的（unrichtig und ungeordnet）。"[1]这种不正确的和无序的爱就会造成价值的颠覆。

对于教育来说我们既需要把握儿童已经形成的爱的秩序，又需要引导儿童使他们的爱的秩序和先验的价值秩序相一致。在这个过程中去寻找在每一个爱的层级上相应的可以引发的宽容意识，并使得宽容成为儿童爱的秩序的组成部分。那如何把握儿童已经形成的爱的秩序呢？对于年龄较小的儿童，可以采取观察的方式。一个人内在的价值体系总是通过他的言行外在地表现出来，通过对儿童言行的观察可以帮助我们去认识儿童

---

[1]　转引自黄裕生：《情感何以是有序的？——续论马克斯·舍勒的"质料的价值伦理学"基础》，载《宗教与哲学》，2013(2)。

的爱的秩序。有这样两个关于 4 岁儿童吃饭的情境。情境一，妈妈做好了饭但是爸爸还没有下班回家。妈妈做了虾仁炒饭，给丁丁挑了好多虾仁放在碗里。丁丁看见了说："妈妈，我不要那么多虾仁，给爸爸留一些吧，爸爸也喜欢吃虾仁呢。"边说边从自己的碗里盛了一些放到爸爸的碗里。情境二，妈妈做了土豆炖排骨，正在喂童童吃饭，爸爸回来了。趁着妈妈去给爸爸开门的功夫，童童赶紧往自己的碗里夹排骨，用筷子夹不住，干脆用手抓。很显然从这两个情境中，我们可以看到丁丁对爸爸的爱超越了他对美食的爱，美味好吃属于感性价值，对爸爸的关心属于精神价值，这个行为体现出在丁丁的爱的秩序中对精神价值的爱高于对感性价值的爱。对于童童来说正好是相反的，童童对于美食的爱超越了对爸爸的爱，他的行为体现出在他的爱的秩序中对感性价值的爱要高于对精神价值的爱。当然我们不能仅凭儿童某个行为就断言儿童爱的秩序，而是需要通过系统的观察和分析，而且对于年龄较小的儿童，很多时候需要对家长进行访谈才能获得更为详细丰富的资料。对于年龄大一点的儿童可以通过访谈的方式来了解他的爱的秩序。当然访谈并不是说直接去问一个孩子"你的爱的秩序是什么"，而是可以让他将最喜欢的人、事物以及最喜欢做的事情用语言描述出来，或者用图画的形式画出来，同时也将他最不喜欢的人、事物以及最不喜欢做的事情描述出来，对这些描述进行分析有助于把握儿童爱的秩序。对于初中和高中的儿童，我们可以采用让他制作时间轴的方式把记忆中不同阶段对他影响最大、给他留下最深记忆的事情标注出来，这有助于纵向地把握在他的成长中他的爱的秩序。除此之外还可以让他将现在自己所处的社会关系图表制作出来，其中要标注他对于每一种社会关系的体验和评价，这有助于横向把握他的爱的秩序。

把握了儿童个体的爱的秩序之后，如何引导他们将自己的爱的秩序向先验的爱的秩序无限靠近以致一致呢？这并不是通过外部的规范和要求可以达到的，而是需要让儿童从内心深处产生对于更高层级的价值的向往和追求，其关键在于教育要能够向儿童直观地呈现更高层级的价值。通过榜样进行价值教育是一种可以采用的方式，只不过这里的榜样并不是某个人，而是一种榜样人格，是某个人所承载着的一种更高的价值状态。在这个人格中我们可以看到丰富且统一的价值。一个人格之所以能够成为榜样，是因为它彰显着一种价值状况的存在应然，它拥有一种吸引力，这种吸引力能够被其他人格体验为"它使我有义务追随"。这种追随一定是在触及灵魂的"被吸引"和发自内心的爱中实现的。正是在这种满怀爱意的自由追随中，其他人格无限接近榜样人格的价值状况。这种追随不是效仿榜样人格的具体行为，或者遵从榜样人格的只言片语，而是力争使自身的价值状况达到榜样人格的价值状况。

如何根据儿童的爱的秩序来培养宽容意识？爱一个对象实际上爱的是这个对象所承载的价值，爱一个对象就是让这个对象如其所是地承载它的价值，就是如这个对象所能是的那样对待这个对象，而不是去要求对象，或者改变对象。教育可以引导儿童去体验爱的本质，让儿童知道爱不是以为了对方好的名义去要求对方或者改变对方，而是让被爱者如自己所是的那样，如自己所能是的那样存在。作为爱者就是倾心所愿地期待着、欣赏着被爱者所能承载的更高的价值而不加干预，这已经是宽容了。每一个层级上的爱都是这样的，所以每一个层级上的爱都可以引发宽容。对于年龄较小的儿童，甚至无须告诉他宽容这个词汇，但是可以从他的爱出发，让他在自己的生活中践行宽容。例如，爱爸爸妈妈，不是让爸爸妈妈每时每刻都陪在自己身边，而是接纳爸爸妈妈出去工作、在书房做自己的事情，等等；爱自己的玩伴，不是哭着喊着让那个小朋友在家里留宿，而是接纳他想回自己家过夜，第二天再一起玩的意愿；爱幼儿园里的老师，不是希望老师时刻都围着自己转，而是做好自己该做的，不影响老师的正常工作。教育就是这样从儿童生活中这些点滴的小事做起，引导儿童在爱中学会宽容。培养儿童的宽容意识，要基于儿童爱的秩序。爱是有秩序的，那么基于爱的宽容也应该是有秩序的。儿童总是从爱能给他带来感性价值满足的价值发展到爱能给他带来生命价值满足的价值，再到能给他带来精神价值满足的价值，再到能给他带来神圣价值满足的价值。同样，儿童的宽容也总是从宽容感性价值承载者，到生命价值承载者，到精神价值承载者，再到神圣价值承载者。儿童一旦有了更高层级的爱的体验和宽容的体验，那么相对于低层级的爱和宽容，儿童会或者应该偏爱更高层级的爱和宽容。所以教育需要从儿童个体的爱的秩序和先验爱的秩序出发，来培养儿童的宽容意识。

二、引导儿童超越的同情，培养儿童宽容意识

在前文中我们借鉴石中英教授对同情的分类，将同情分为个体同情、社会同情和人类同情。个体同情往往是无需接受教育就能自然产生的，而社会同情和人类同情则需要教育和社会传习。同情可以引发宽容，无论是由何种同情引发的宽容都需要教育参与其中。个体同情无法通过教育培养，只能激发，但奠基于本能的同情之上的宽容则是需要通过教育来培养的；社会同情和人类同情本身就需要通过教育来培养，奠基于这两种同情之上的宽容则更需要通过教育来培养。

但是教育一直以来都是以知识教育为生命线的，培养学生的同情一直没有引起教育足够的关注。1916年泰戈尔在《我的学校》中就曾指出，"有了知识，我们会变得有力量，但有了同情心，我们才达到完满……可是我们却发现：这种对同情心的教育不但在学校中被系统地忽视了，而且被严厉地压制了"[①]。将近一个世纪过去了，这种现象依然没有得到大的改观。2009年石中英指出，"同情心的萎缩是造成普遍社会道德问题的直接原因"，并呼吁"教育必须把唤醒和培育人们的同情心以及建立于其上的义务感和道德良知作为重要的社会目标加以追求"[②]。2010年美国哲学家玛莎·努斯鲍姆（Martha Nuss-

---

① 转引自[美]玛莎·努斯鲍姆：《告别功利：人文教育忧思录》，肖聿译，105页，北京，新华出版社，2010。

② 石中英：《"狼来了"道德故事原型的价值逻辑及其重构》，载《教育研究》，2009，30(9)。

baum)在《告别功利》一书中表达了对美国乃至全世界教育中缺乏同情教育的忧思，并重新提倡泰戈尔的思想"人类只有培养更具包容性的同情能力，才能进步，而这种能力只有依靠一种教育才能得到培养，那种教育重视综合学习，重视艺术，重视苏格拉底式的自我批判"①。

个体同情是儿童天然就有的，上文所说的同情的缺乏主要指社会同情和人类同情的缺乏。"从个体的同情到社会的同情再到人类的同情，不是一个自然发育的过程，而是一个不断接受教化的过程。离开了教化，一个人的同情品质要从个体的同情进化到社会的同情再进化到人类的同情，则是很困难的。"②要想通过教育来培养儿童这两种同情首先需要知道造成其缺乏的原因。努斯鲍姆将这种同情的缺乏归结到儿童早期生活体验中的厌恶感和羞耻感。"儿童对自己的软弱无助感到羞耻……这种羞耻感很快就会与另一种非常有力的情感结合起来，那就是……厌恶感。"③"厌恶这种病态的核心，就是将世界分作'纯洁'与'不纯洁'两个部分——也就是一个由毫无瑕疵的'我'和龌龊、邪恶、污秽的'他们'组成的结构。"④正是这种厌恶感使得人们很容易倾向于一种简单的二分法，那就是将这个世界中的人分为好的和坏的，随即也就有了好人的世界和坏人的世

---

① ［美］玛莎·努斯鲍姆：《告别功利：人文教育忧思录》，肖聿译，78 页，北京，新华出版社，2010。

② 石中英：《社会同情与公民形成》，载《北京师范大学学报（社会科学版）》，2012(2)。

③ ［美］玛莎·努斯鲍姆：《告别功利：人文教育忧思录》，肖聿译，34～35 页，北京，新华出版社，2010。

④ 同上书，39 页。

界。从儿童到成人，人们总是把自己所厌恶的因素、特征、事物等投射到那些被认为是坏人的群体身上，这种简单的二分法普遍存在。童话故事中公主和巫婆、勇士与怪兽是经典的主题；小说影视剧中正面角色和反面角色也是永恒的区分；战争题材的作品更是极尽渲染地将自己人和敌人描述成不共戴天的存在。

"社会的某个亚群（subgroup）一旦被视为可耻和可恶，其成员就仿佛位于主导群体之下，与主导群体大不相同；他们被主导群体看作动物，浑身发臭，龌龊不洁，是污染之源。因此，主导群体很容易将他们排除在同情之外，并很难从他们的角度去观察世界。"①正是这样一种由厌恶投射而造成的对立二分使得跨越群体的社会同情无法形成，同情只在个体自己所认同的那个群体中存在，绝缘于另一个群体。

如何打破这种人为的二元划分呢？对于学前的儿童来说，童话故事和游戏是非常重要的进行同情教育的途径。之所以故事和游戏能够奏效是因为在许多方面，儿童的童稚般的心灵生活与成人的差别不是程度上的，而是类型上的。"在儿童的'游戏'中以及在儿童作为戏院或者木偶演出的观众时，可能与成人的'游戏'或者——如人们通常所说——从审美的'体验性感觉'的类似情况便显著的不一样。在成人为体验性感觉者，在儿童则为一体感。在成人本来为'游戏'者，在儿童则是'当真

---

① ［美］玛莎·努斯鲍姆：《告别功利：人文教育忧思录》，肖聿译，43页，北京，新华出版社，2010。

的事'，至少是眼前的'现实'。"①在现实的生活境遇中儿童尚没有机会去接触更广阔更复杂的社会，但是在故事和游戏中，儿童可以身临其境，把自己真的看成故事中和游戏中的人，真实地体验故事和游戏中的一切。在范梅南的《儿童的秘密》中曾讲述了一个小女孩温迪(Wendy)的故事。温迪就一直认为终有一天她会跟彼得·潘走，去梦幻岛(Neverland)，并且知道路线是从第二颗星转右，然后一直向前走到天明。② 选取没有二元对立划分的故事和游戏，让儿童在故事和游戏中体验到和谐共处的乐趣，无形中也就是在对儿童进行同情教育。就像《马达加斯加》中所呈现的以狮子、长颈鹿、斑马和河马为代表的动物世界的和谐共处，还有《冰河世纪》中所描绘的猛犸象、剑齿虎、巨型树懒和其他动物一起迁徙的故事，都是对儿童进行同情教育的良好题材。故事和游戏可以结合起来，家长和教师可以先给儿童讲故事，然后帮助儿童将故事改编成游戏，在游戏中通过扮演不同的角色来激发对于不同的人的同情。对于学龄期的儿童来说，通过历史文化课程以及文艺课程的教学和相关的学校活动可以培养儿童的同情心。学校对学生同情教育的缺乏主要表现在重视自然科学知识教学和实验操作，对于历史、地理、政治和文艺等课程的关注不够，从而不能让儿童更好地了解自己所处群体的发展演变和文化传习，不能很好地了解自

---

① ［德］舍勒：《舍勒选集》，刘小枫等译，299 页，上海，上海三联书店，1999。

② Max Van Manen and Bas Levering, *Childhood's Secrets*：*Intimacy*，*Privacy*，*and the Self Reconsidered*，New York，Teachers College Press，1996，p. 15.

己所在的群体之外的其他民族、社会、国家的发展演变和文化传习。儿童往往是盲目地不自觉地继承和接受所在社会已经形成的对于自己所处群体和对于其他群体的态度，这种态度往往是二元分立的，不利于同情心的形成。或者换言之，无知是同情心缺乏的一个重要原因。所以加强社会历史文化课程，让儿童对自己民族和他民族的社会历史文化沿袭有系统的了解有利于培养儿童的同情。艺术是超越时间和空间的，很多艺术作品都验证了这个命题。艺术总是凝练地体现着一个社会某个时段的历史文化精髓，所以艺术也往往成为了解他文化的重要窗口，加强学校的文艺课程，培养儿童的艺术鉴赏力和创造力，也就是在培养儿童超越时空的同情。除此之外，培养儿童自我批判的能力也是对儿童进行同情教育的良好途径。人们总是习惯于站在自己的立场感知世界和思考问题，总是习惯于把自己对世界的理解和感知认为是合理的，而对他人的感知缺乏尊重。教育需要为儿童提供自我批判的机会和站在他人的立场感知世界和思考问题的机会，通过自我批判和为与自己相对立的立场进行辩护，儿童可以更好地了解他人的处境和思想，从而更好地同情。

那如何基于儿童的同情来培养儿童的宽容意识呢？前文已经分析讨由同情引发的宽容可以分为两种情况：一种是如果我是你，我会和你有同样的情感，在这种情感之下我会做和你同样的事情，所以对于你做的事情，我可以宽容。还有另一种情况，如果我是你，我会和你有同样的情感，我会希望别人如何回应我的情感？如果我希望获得积极的回应则意味着此时我也应该给予别人积极的回应，那就是宽容。如果我们把同情看作一种联想中的设身处地的感同身受的话，那么基于同情来培养儿童的宽容意识主要就是在儿童产生同情的时候引导儿童进一步联想。在这种情感中我会不会和当事人有同样的言行？当我有这种情感的时候，我希望获得怎样的情感回应？如果我会有和当事人同样的言行，那么我应该宽容，如果我希望获得积极的情感回应，那么我应该宽容。除此之外，对于儿童自发的由同情而产生的宽容要给予及时的鼓励和肯定。也许儿童仅仅是在某一个特定的情境中由同情引发了宽容，这种宽容和同情的联系是不紧密的，是不稳定的，教育者的鼓励和肯定可以加强儿童同情和宽容之间的联系，让这种联系从偶然成为常态。除此之外，儿童的同情也总是从个体同情发展到社会同情，再到人类同情。所以对儿童宽容意识的培养要尊重儿童同情形成的过程，不能操之过急，儿童的宽容意识也是从对个体的宽容到对其他群体的宽容，再到最高层级的人类宽容。

三、由爱和同情引发的宽容是否有界限

爱和同情确实可以引发宽容，但是由爱和同情引发的宽容是否有界限？超出了一定的界限，还是不是宽容？

爱是对于所爱的对象所承载的整体的价值状态的爱，由爱引发的宽容往往是对所爱的对象在不超出这种被爱的价值状态范围的前提下所表现出来的偶然的、暂时的、局部的价值情境

的宽容，所以由爱引发的宽容是有界限的。如果所爱对象的某种价值情境超出了被爱的价值状态范围，则不应被宽容。如果某种价值情境超出了被爱的价值状态的范围，但依然被接受了，那这不是宽容，而是纵容。由同情引发的宽容有两种情况，如果仅有情感共鸣但没有产生做出相同言行的联想，也没有获得别人宽容的联想，则不会由同情引发宽容。如果在没有做出相同的言行联想也没有获得别人宽容的联想的情况下依然接受当事人的言行，那这也不是宽容，同样属于纵容。教育要培养儿童对于爱和同情的界限敏感性，让爱和同情引发儿童真正的宽容而不是纵容。

第五章
瞻前顾后的宽容

　　与前一章所讨论的情不自禁的宽容相比，这一章将要讨论的儿童宽容体验可以用"瞻前顾后"这个词来形容。之所以瞻前顾后，是因为儿童在进行利益权衡，权衡的结果是选择宽容。情不自禁的宽容是由儿童的原初情感引发的，瞻前顾后的宽容是儿童经过理性的利益计算选择的。儿童的这种宽容体验是什么样的？它背后的思维逻辑是什么？面对这种宽容体验，宽容教育该何去何从？这是这一章我们要探讨的问题。

第一节　瞻前顾后的宽容

　　接下来将要呈现的宽容体验的主人公是来自幼儿园中班到高三之间不同年龄的儿童。虽然年龄跨度较大，在不同年龄阶段的儿童身上有不同的宽容体验发生，但这些宽容体验都有一个共同的特点——瞻前顾后。而在瞻前顾后背后所隐藏的则是利益权衡。较大的年龄跨度说明了这种宽容体验的广泛存在，这也要求教育者对其进行足够的关注和思索。

一、宽容是为了满足更重要的内心需求

随着儿童的成长，他的理性思维能力不断提高。三四岁的儿童就能自然而然地对自己的各种内心需求进行排序，进而做出行为选择。儿童在同一时间或者在不同的时间，往往会感受到不同的内心需求的驱使。当这些内心需求之间发生冲突的时候，儿童需要经历一个瞻前顾后、左思右想的过程才能做出行为选择。下面这个故事所呈现的是一个四岁半的小女孩对姐姐的宽容，当意识到"让姐姐陪她玩"是更重要的内心需求的时候，她开始"策划"如何宽容姐姐。

四岁半的芊芊刚洗完澡，趁着妈妈出去给她拿衣服的空儿，她想披着"婚纱"往外跑。眼看到门口了，姐姐一下子挡住了浴室的门，"不能出去，外面冷，出去会感冒的"。芊芊用力去推姐姐，但姐姐丝毫不动。妈妈拿衣服回来的时候，芊芊正背对着姐姐生闷气，看到妈妈就一下子扑到妈妈怀里说："姐姐欺负我，不让我出来，我再也不和姐姐玩了。"

姐姐在沙发一头看书，芊芊穿好了衣服在另一头的茶几上玩她的拼装玩具。她要给小公主拼一个小床，但是没有姐姐帮她按住床架的一边，她试了几次都不能拼好。她偷偷看了一眼姐姐，姐姐正专心地看书呢。芊芊把拼装玩具推到一边，又拿出绘画册，给芭比娃娃涂颜色。她画几笔就偷偷看看姐姐，再画几笔又偷偷看看姐姐。姐姐没有看她，这让芊芊有点失望。

她接着画画，画几笔就向姐姐那边挪动一点，再画几笔又向姐姐那边挪动一点。姐姐还是假装什么都没看见。芊芊又挪了一点，倚到姐姐的腿了。姐姐说："你干吗?"听到姐姐说话了，一丝喜悦掠过芊芊的眼睛。她顺势抬头望着姐姐说："姐姐，我原谅你了，你还和我一起玩吧!"

因为姐姐阻止了刚洗完澡只披着浴巾的芊芊出浴室，所以芊芊生气了，并说自己再也不和姐姐玩了。生气、不理人这是不宽容的表现，因为自己想要披着浴巾出浴室的想法受到了阻止，所以表现出不宽容。但是后来当芊芊自己一个人玩拼装玩具的时候，她意识到需要获得姐姐的帮助，但是她并没有直接让姐姐帮忙。因为她已经说过不和姐姐玩了，而且姐姐也没有表现出要和她玩的意思。她换了一件不需要姐姐帮忙的事情，那就是自己画画。但她依然觉得自己画画不如和姐姐一起玩有意思，但是她还是没有直接要求姐姐和她玩，而是身体一点一点地靠过去，等姐姐先开口说话的时候，才趁机说原谅姐姐了。虽然只有四岁半，但是芊芊的行为中已经表现出利益权衡了，姐姐陪她一起玩显然比她自己玩更有乐趣。但是要让姐姐陪她一起玩的话，她必须说服姐姐，同时也必须说服自己，毕竟她之前说过"再也不和姐姐玩了"，所以她选择了原谅姐姐。原谅意味着不对姐姐之前阻止她出浴室的事情生气了，收回再也不和姐姐玩这样的话，表明她宽容姐姐。虽然在我们看来，在这件事情中姐姐并没有做错什么，没有什么需要被原谅的。但是在芊芊的心目中，姐姐确实做了让她生气的事情，但是为了能跟姐姐一起玩，她必须要宽容姐姐。

这个故事说明对于幼儿来说，"有人陪他玩"是一种很重要的内心需求，如果宽容别人可以满足这种内心需求，那在权衡之后他会选择宽容。值得思考的是，"有人陪伴"不仅仅是幼儿的一项重要的内心需求，对于成年人，它也往往是一项优先级较高的内心需求。接下来这位初中生为了维持"有朋友陪伴"的状态，宽容了窥探她日记本的朋友。

一个周一的下午，外面下着大雨，我跑回班里的时候看到我最好的朋友正在翻看我的日记本。我顿时火冒三丈，那里面虽然没什么，但也觉得自己的隐私受到了侵犯。我上去夺过她手中的日记本，愤怒地看着她。她也觉得自己不对，跟我道歉。最开始我真的很气愤，但是想想她是我最好的朋友，每天都和我一起上学、放学，我如果和她闹翻了，就得一个人上下学了，那多无聊啊。反正日记里也没什么，看就看了吧。渐渐地，我的气消了，也就宽容了她。

日记本是隐私的象征，隐私被侵犯总是会让人愤怒和不安的。当你愿意把自己的隐私给另外一个人看的时候，说明你非常信任他，也说明你愿意让他了解一个更加真实的你。但是如果别人未经你允许就翻看你的日记，那确实会让人火冒三丈，即使是好朋友也不行。但是在上面的故事中有一个细节就是这个日记本里其实没有记载什么隐私的东西，这直接影响到日记本的主人如何处理和她的好朋友的关系。"夺过"日记本，"愤怒地看着她"，这些已经表达了对于自己的隐私的捍卫。但是如果从此不再和她做朋友，那以后只能一个人上下学，这想想就很无聊。比起她翻看了其实没有什么隐私的日记本，有人一起上下学是更重要的。显然经过权衡，这个中学生认为有朋友陪伴比捍卫隐私更加重要，所以她宽容了她的朋友。

二、宽容是为了维持良好的人际关系

为了满足更重要的内心需求而选择宽容往往涉及的只有宽容者和被宽容者两个个体。个体是否宽容，只需要权衡能否通过宽容从对方那里获得某种内心需求的满足。但人在社会中生活，很多事情往往是在某个群体中发生，而不是仅仅牵扯宽容者和被宽容者两个个体。在社会群体中生活，人际关系对每个个体都很重要。人际关系不是指个体和某个个体的交往关系，而是指个体和同在这个群体中的其他个体的交往关系。在儿童的宽容体验中我们能看到儿童往往为了维持良好的人际关系而左右权衡，最终选择宽容。

小学四年级的时候我的同桌迷上了用钢笔，课间没事就爱拨弄他的那些钢笔。一次他刚灌完墨水，有一对儿打闹的同学不小心撞到了他。慌乱中，笔囊里墨水全甩在我新穿的粉色裙子上。我尖叫了一声，刺眼的蓝色刺激着我的神经，我心疼极了。这是我第一天穿它上学，好几个女生都很羡慕我有这么漂亮的裙子，我也觉得自己像公主一样。这下全完蛋了！周围的同学有的发出可惜的声音，有的在埋怨他。同桌也傻了眼，脸涨得通红。我很想骂他，那些破钢笔有什么好倒腾的，把我的

新裙子弄成这样怎么办呢？但转念一想，这么多同学都在呢，即使我骂他，裙子上的墨水也不会消失，反而会让同学觉得我太小气，以后会不会不愿意和我做朋友了？这时同桌小心翼翼地拽了拽我，支支吾吾地说了声"对不起"。我克制了自己的愤怒，暗自舒了一口气，说了声"没关系"。

小学四年级的儿童已经知道注意自己在别人心目中的形象了，主要的表现就是注重自己的穿着打扮，注重自己的言行。新的粉色裙子让故事中的女孩觉得自己非常漂亮，同学的称赞更是强化了她的这种想法，她为此感到心情愉悦，感到自己就像公主一样。但是同桌给她的裙子甩上了刺眼的蓝色墨水后，裙子不再漂亮，同学们从对她的赞美变成了对她的同情，顿时她也感觉自己不再是公主了。自己的美好形象被破坏了，好的心情也被破坏了。她"尖叫了一声"，"心疼极了"，"很想骂他"。但是她并没有真正这么做，因为她同时意识到周围很多同学在看，如果她毫不克制地表达愤怒，那同学会怎么看她呢？如果出口骂人，同学们很有可能认为她是小气的人、爱计较的人，同学可能就不愿意和她交往、做朋友了。和裙子比起来还是维持良好的人际关系比较重要，所以她原谅了同桌。

有时候为了维持良好的人际关系而选择宽容，经过很短时间的权衡就可以做到。但有些时候，或者因为事情比较复杂，或者因为消极的情绪体验比较强烈，个体的权衡可能需要很长的时间。下面这位高中生就花了四十分钟的时间才做到了宽容。

我是走读生，住宿生由于不能随意出入校门，所以经常让我帮他们做一些事情。对此我不是欣然乐意，但也从不推辞。有一次因为帮一个同学去银行取钱迟到了。当我满头大汗、气喘吁吁地跑到教室门口的时候，班主任已经来了，正在黑板上写标题呢。我把门推开一条缝儿，喊了一声报告。她就像没听见一样，继续写，看都没看我一眼。我一下僵在那里，不知所措。我是个自尊心很强的人，而且是班里的团支书，班主任对我的这种无视让我觉得很委屈。即便是我迟到了，但也不能不理我啊，更何况我不是因为自己的事情迟到了，而是为了帮同学取钱。我心里充满了委屈和气愤，眼泪不由自主地流了下来。班主任已经转过身开始讲课了，我也没有再喊报告，而是默默地退到了墙边。大家都在教室里上课，就我一个人像傻子一样站在走廊上。我对班主任很失望，怎么能无视我呢？我对那些让我帮忙买东西、取钱的同学也很失望，我是因为你们才迟到的，你们怎么就不能跟老师说明一下呢？我想过直接冲进教室跟老师说她这样做是不对的，我也想过跟同学说我迟到都是因为帮他取钱，以后这种事情再也别找我了。伤心、失望、委屈、气愤包围着我。下课铃响了，班主任抱着书出来了，嘴里飘出一句："进去吧。"我没有看她，什么都没说，拎起东西进了教室。我把东西一一交给同学，他们问，"是不是因为买东西才迟到的？真对不起啊！""是不是因为取钱耽误了？"他们说："谢谢！"我淡淡地笑笑，说："没关系。"站在走廊上的四十分钟，我的心一点一点地关闭，他们现在说的话已经无法进入我的心里了。因为对他们的失望而不想去和他们计较。也想到已经帮同学买了那么久的东西了，这个时候计较，反而破坏了自己在同学心目中的形象，不值当。

高中生已经学会对那些他认为不值当的人隐藏自己的伤心和失望，因为他知道在这些不是真正关心他的人面前表达自己的伤心和失望也是徒然，反而还会让他们觉得自己很脆弱、很计较。因为帮同学取钱而迟到的团支书没有想到班主任会这样对她，也没想到自己经常帮同学的忙，当自己迟到的时候没有一个人站出来帮她解释。高中的生活节奏非常紧张，虽然自己也不是非常乐意，因为这确实要花费一些时间，但是仍然坚持帮住宿的同学做一些事情。但是当她迟到的时候，却遭到了这样的对待，伤心、失望、委屈、气愤包围着她。在走廊上站着的四十分钟里，她的心"一点一点地关闭"。对于她来说，与其表达出自己对老师和同学的失望，还不如骄傲坚强地隐藏这一切。所以她没有去和老师争辩什么，也没有流露出对同学的埋怨，她只是淡淡一笑，坚定了内心的失望，选择了不去计较。

三、宽容是为了保持在重要他人心中的美好形象

人际关系比较笼统地涵盖了个体与群体其他成员的交往关系。值得注意的是个体与群体成员的亲疏远近并不相同，某些人因为对个体具有某种特殊的意义、能够对个体产生某种特殊的影响，而成为个体的重要他人。在研究中我们发现，儿童瞻前顾后的宽容体验很多是为了保持在重要他人心中的美好

形象。

上英语课，老师让我翻译一段课文。我本来英语学得就不好，被叫起来又感觉很紧张，但已经被叫起来了，只能硬着头皮去翻。结果脑袋好像被什么东西蒙住了，翻译得乱七八糟。这时听到一个男生说："这是什么翻译！"他的话让我感觉脸上烧烧的，心里也特别不舒服。心想这个人怎么这么没有礼貌？老师都没说话，你有什么资格这么说我？有本事你翻译试试啊。我正想反驳，但转念一想我翻译的确实挺差的，如果再当着老师的面和他吵的话，老师会怎么看我呢？是不是会觉得我和那个男生一样没有礼貌呢？翻译得不好，还在课堂上吵架，想想还是算了。于是我没有反驳他，那么没有礼貌的人我懒得和他计较。

课堂上同学之间对于一个问题有不同看法的事情时有发生，但是回答问题之后被同学不留情面地当场否定和批判还是不多见的。面对这样的情况，回答问题的同学在脑海中经历了一系列的权衡，并最终选择了宽容。虽然那个男生是很没有礼貌，但是由于回答问题的同学自己知道回答得不好，已经给老师留下了不好的印象。如果在课堂上再和同学吵架，那就会给老师留下更不好的印象。与反驳那个男生，回敬他的不礼貌比起来，还是不要让老师形成更不好的印象更为重要，所以这个同学最终选择了不去计较。

显然在这个中学生的心目中，老师是他的重要他人。在受到同学不礼貌的指责之后，这个中学生脑海中思量的是怎么做才能给老师留下好的印象，至少不能给老师留下更不好的印象。老师因为工作职位的关系很容易成为学生成长过程中的重要他人。除了老师之外，父母、兄弟姐妹、好朋友也很容易成为个体的"重要他人"。当然还有一类人，那就是个体默默喜欢的人。下面的故事描述的就是一个女生为了给班长留下美好的印象，而宽容了邻班借书不还的同学。

　　初二的一天，邻班的一个同学没带历史课本，我借给了他。我们是下午才上历史课，所以我就忘了这回事。直到上课的前一秒，我才想起来我的历史书在他那里，但是老师已经踏着铃声走上讲台了。因为没有书，老师罚我把当天所讲的抄两遍，然后再去背给老师听。哎，那个同学怎么这样啊，借了别人的书怎么不还呢？也太不为别人考虑了吧。下了课，我立马去找那个同学，本来打算说他一顿的，但是他出来给我还书的时候，正好我们班的班长就在旁边和别的同学聊天。我们班长长得很帅，学习又好，我不想让他看到我很凶、很计较的样子，而且那时真觉得那个同学也不是那么不可原谅了。他非常愧疚地跟我说"对不起"，我笑着说"没事儿，真的没事，谁都有忘记的时候"。然后我就拿着书回班里了，心里在琢磨"班长他应该听到了吧"。

　　这个女孩本来自己带了书，但是因为借给了别人，而那个人却忘了还导致不但上课没有书，还被老师罚抄罚背，这确实是一件很憋屈的事情。把憋屈倾倒给借书忘还的同学，发泄一下自己不满的情绪，让那个同学深刻地自责和道歉也是情理之中的事情。本来准备好了要狠狠地谴责一顿那个借书不还的同学，但是班长的出现让这个女孩改变了想法。班长是她很在意的人，她不想让班长觉得她是一个很计较的人，也不想让班长看到她凶的样子。与给班长留下好的印象比起来，抒发心中的不满算不了什么。她的态度也瞬间改变了，"那时真觉得那个同学也不是那么不可原谅了"。她很大度地跟那个同学说没关系，心里琢磨的是班长应该觉得她很宽容吧。

总的来说，在这些宽容体验中，当事人无论是为了满足更重要的内心需求，还是为了维持良好的人际关系，还是为了给重要他人留下好印象，都是因为要选择一些能带来更大利益的因素，所以舍弃一些相比较而言只能带来较小利益的因素，舍弃的同时也就意味着宽容。当然其中的利益大与小的权衡是个人在当时的情境下根据自己的判断标准做出的。不同的人对于同样的事情，往往会有不同的利益权衡项，会有不同的取舍结果。

第二节　宽容背后的利己功利

从上文的分析我们可以看出儿童瞻前顾后、左思右想的宽容背后的实际是功利主义的逻辑，而且是基于利己的功利，而不是基于利他或者共同体的功利。在日常中文语境中"功利主义""功利"往往是带有贬义的，有重利轻义、急功近利的意思，一般指为了追求眼前的利益而不择手段。董仲舒有言"正其义不谋其利，明其道不计其功"，就将道义和功利对立起来。

实际上，"功利主义"是作为"utilitarianism"的中文对应词出现在学术领域的，utilitarianism 源于 utility，而 utility 是"功用，效用"的意思，所以有的学者也主张将 utilitarianism 翻译为"功用主义""效用主义"更为合适。但是由于中国学术领域已经约定俗成地把它翻译为"功利主义"，所以绝大多数的文献还是沿用了"功利主义"这样的翻译。[①]在本文中虽然使用约定俗成的"功利主义"这个词，但实际上采用的是功用主义、效用主义这样一种中性的理解。所以文中所出现的"功利主义""利己功利""利益权衡"也并无贬义，而是在中性的意义上使用。

一、基于利己功利的宽容

承认快乐和痛苦对于人类行为具有最根本的支配地位是功利主义的理论前提。边沁（Jeremy Bentham）明确指出："自然把人类置于两位主公——快乐和痛苦——的主宰之下。只有它们才指示我们应当干什么，决定我们将要干什么。是非标准，因果联系，俱由其定夺。凡我们所行、所言、所思，无不由其支配：我们所能做的力图挣脱被支配地位的每项努力，都只会昭示和肯定这一点。一个人在口头上可以声称绝不受其主宰，但实际上他将照旧每时每刻对其俯首称臣。功利原理承认这一被支配地位，把它当作旨在依靠理性和法律之手建造福乐大厦

---

① ［英］约翰·穆勒：《功利主义》，徐大建译，译者序 18～19 页，上海，上海人民出版社，2008。

的制度的基础。"①在边沁看来，功利是客体的一种性质，"它倾向于给利益有关者带来实惠、好处、快乐、利益或幸福（所有这些在此含义相同），或者倾向于防止利益有关者遭受损害、痛苦、祸患或不幸（这些也含义相同）"②，简而言之就是趋乐避苦。功利原理就是"按照看来势必增大或减小利益有关者之幸福的倾向，亦即促进或妨碍此种幸福的倾向，来赞成或非难任何一项行动。我说的是无论什么行动，因而不仅是私人的每项行动，而且是政府的每项措施"③。这里边沁把利益、快乐、幸福等等同起来，功利原理就是以是否增大幸福作为判断行为对错好坏的标准。穆勒（John Stuart Mill）也赞成边沁的功利原理，他认为："把'功利'或'最大幸福原则'当作道德基础的信条主张，行为的对错，与它们增进幸福或造成不幸的倾向成正比。所谓幸福，是指快乐和免除痛苦；所谓不幸，是指痛苦和丧失快乐。……唯有快乐和免除痛苦是值得欲求的目的，所有值得欲求的东西（它们在功利主义理论中与在其他任何理论中一样为数众多）之所以值得欲求，或者是因为内在于它们之中的快乐，或者是因为它们是增进快乐避免痛苦的手段。"④这里穆勒区分了快乐内在于其中的行为和作为增进快乐避免痛苦的手段的行为。从这个角度去看前文呈现的儿童的宽容体验，我

---

① ［英］边沁：《道德与立法原理导论》，时殷弘译，57 页，北京，商务印书馆，2000。

② 同上书，58 页。

③ 同上书，58 页。

④ ［英］约翰·穆勒：《功利主义》，徐大建译，7 页，上海，上海人民出版社，2008。

们可以发现利益权衡下的宽容多是作为增加利益和增进快乐的手段被选择，而不是宽容本身内含着快乐。

在对个人利益和共同体利益的分析中，边沁认为理解个人利益是理解共同体利益的基础，"不理解什么是个人利益，谈论共同体的利益便毫无意义。当一个事物倾向于增大一个人的快乐总和时，或同义地说倾向于减小其痛苦总和时，它就被说成促进了这个人的利益，或为了这个人的利益"①。共同体的利益是组成共同体的若干成员的利益总和。虽然边沁的初衷是为关乎共同体利益的立法寻找依据，但在他看来共同体利益无非是个人利益的复数化和复杂化，所以理解个人利益具有基础性的意义，这也是他的理论被指责造成利己功利主义泛滥的主要原因。作为对这种指责的辩护，穆勒指出"构成功利主义的行为对错标准的幸福，不是行为者本人的幸福，而是所有相关人员的幸福，而这一点是攻击功利主义的人很少公平地予以承认的。功利主义要求，行为者在他自己的幸福与他人的幸福之间，应当像一个公正无私的仁慈的旁观者那样，做到严格的不偏不倚。功利主义伦理学的全部精神，可见于拿撒勒的耶稣所说的为人准则。'己所欲，施于人'，'爱邻如爱己'，构成了功利主义道德的完美理想"②。但是这样的一种辩护又引来了一种误解，即"认为人们应当专注于如世界或社会整体这样宽泛的

---

① ［英］边沁：《道德与立法原理导论》，时殷弘译，58页，北京，商务印书馆，2000。
② ［英］约翰·穆勒：《功利主义》，徐大建译，17页，上海，上海人民出版社，2008。

一般对象"①，对此穆勒不得不指出："大多数善的行为都不是为了世界利益，而是为了世界福利由之而构成的个人利益；在这些场合，最有道德的人也只需考虑有关的个人，只有一事除外，即必须确保自己不会为了有关个人的利益损害其他任何人的权利或合法期望。根据功利主义伦理学，增加幸福就是美德的目的，任何人（百分之九十九点九的人）都只有在例外时，才有能力大规模地增加幸福，换言之，才有能力成为一个公众的施主，唯有在这样的时刻，才能要求他考虑公众的功利，而在任何其他的情况下，他必须加以考虑的只是私人的功利，只是少数几个人的利益或幸福。"②所以不论是边沁还是穆勒，在他们的功利主义思想中个人的功利，或者说个人的利益都是占有合法的，而且是非常重要的地位。

儿童从自己的利益出发，因为宽容可以给儿童带来更大的利益和更多的快乐，所以儿童选择宽容。按照边沁对功利原理的理解，能够增加快乐倾向的行为应该得到赞成。按照穆勒对功利原理的理解，不论是行为本身内含快乐，还是作为达到快乐的手段，这样的行为都是值得的，都是好的。所以儿童从自己的利益出发，通过利益权衡选择能够实现利益和快乐最大化的行为应该是值得赞同的、好的行为。这里唯一存在的问题是儿童的这种宽容没有考虑他人和共同体的利益。但是如果快乐

---

① ［英］约翰·穆勒：《功利主义》，徐大建译，18 页，上海，上海人民出版社，2008。
② 同上书，19 页。

和痛苦是人类所有行为的主宰，那么对于正在成长中的、尚未成熟的儿童来说，快乐和痛苦对于他们行为的主宰力就更加强大。当一种做法会比另外一种做法带来更多的利益和快乐，那么按照功利的原理，儿童选择能够带来更多利益和快乐的做法是应该的，也是值得肯定的。儿童的社会化尚未完成，在儿童的意识中对于他人、共同体、社会、国家、世界这样的概念还没有形成全面的理解，在他们的行为选择中没有考虑这些因素也是情有可原的。

对于个人利益和共同体利益的关系，功利主义者或者认为个人利益的最大化总是会和共同体利益的最大化一致，或者认为由于人具有尊严，这种尊严要求个人总是倾向于将自己利益的最大化和共同体利益的最大化一致，而且通过教育和舆论的影响一定可以达到这样的一致。简而言之，功利主义相信个人利益和共同体的利益总归是一致的。虽然功利主义的这一主张引来了无数的批评，但是在本项研究中我们并不需要在这一点上驻足。通过前面的分析，我们可以看到在那些宽容体验中，儿童更多的是从个人利益这个角度出发，即使对共同体的利益或者相关他人的利益有所考虑也是非常弱的。但是这并没有导致个人利益和共同体利益的矛盾，因为宽容总是被理解为一个褒义词。宽容别人，总是被认为会给别人减少痛苦，带来快乐，所以宽容总是被认为是对他人好的，无论这种宽容是不是基于利他而做出的。在对儿童体验的分析过程中我们发现儿童多是从自己的利益出发选择宽容，宽容是为了使自己的利益最大化，但是客观上也促成了他人和共同体的利益最大化。所以从这个意义上说，儿童的宽容体验符合功利主义对于个人利益和共同体利益相一致的看法。但是这并不意味着鼓励儿童的这种宽容体验，也不意味着因为宽容客观上往往是利他的，所以可以对他人利益和共同体的利益不予考虑。

二、宽容体验中的苦乐计算

从功利主义的视角来看，儿童这种主观上为了实现自己的利益最大化，客观上也实现他人和共同体的利益最大化的宽容即使不能说是值得称赞的，那至少也不是错的、坏的。那功利主义如何对快乐和痛苦进行估算？儿童在具体情境下又是通过怎样的权衡最终选择宽容的？

边沁认为对于个人来说，可以根据快乐或痛苦的强度、持续时间、确定性或不确定性以及邻近还是偏远来对快乐或痛苦的值进行估算。"把所有的快乐之值加在一起，同时把所有的痛苦之值加在一起。如果快乐的总值较大，则差额表示行动之有关个人利益的、好的总倾向；如果痛苦的总值较大，则差额表示其坏的总倾向。"①显然如果快乐的总值较大，则表明这项行为是好的，反之则是坏的。有很多功利主义的批评者指出边沁的苦乐估算只重视快乐和痛苦的数量而忽视了质量的差别，没有凸显出人和动物的差别，而且容易使人去追求粗俗的低质量的但是在数量上占优势的快乐。对于这点穆勒在自己的著作

---

① ［英］边沁：《道德与立法原理导论》，时殷弘译，88页，北京，商务印书馆，2000。

中做了补充完善。穆勒认为人们往往偏好在质量上占优势的快乐，"相对而言快乐的数量就变得不那么重要了"①。穆勒使用"偏好"这个词来表示人对于质量高的快乐的追求的倾向，认为虽然可以用很多词来解释什么是偏好，但是最合适的是"尊严感"。"关于偏好，我们可以任意地做出解释：我们可以将它归之于骄傲，可是骄傲这个名称被人们不加鉴别地用于人类一些最值得尊敬和最不值得尊敬的感情上面；我们可以将它归之于对自由和个人独立的热爱，那曾是斯多葛派教导这种偏好的最有效的手段之一；我们还可以将它归之于对权利或对刺激的热爱，这两者也确实都参与了并有助于这种偏好；但它最合适的称号却是一种尊严感，这种尊严感人人都以某种形式拥有，并且与他们拥有的高级官能成某种比例，虽然不是严格的比例，在自尊心很强的人中间，这种尊严感还是构成其幸福的一个不可或缺的部分，乃至任何有损这种尊严感的事物，除一时之外，都不可能成为他们的欲求对象。"②在儿童的宽容体验中，我们可以看到儿童实际上并不是像边沁所说的那样以快乐和痛苦的数量作为权衡的原则，而且在当时的情境下、在事情正在发生的进程中，儿童也没有将快乐和痛苦的项一一分析列出，更多地，儿童是从快乐的质量出发去做出行为选择的。

我们用 Utility 的首字母 U 来表示功效、利益，用 U（ ）来表示由括号中的内容所带来的利益，那么以上故事中的宽容

---

① ［英］约翰·穆勒：《功利主义》，徐大建译，9页，上海，上海人民出版社，2008。
② 同上书，10页。

体验就可以分别表述为以下形式。

故事 1：因为 U_1（姐姐陪玩）＞U_2（通过不理姐姐表明不允许姐姐阻止我实现我的想法）。

所以，放弃 U_2，宽容姐姐。

故事 2：因为 U_1（有人陪伴上学放学）＞U_2（表明不允许别人窥探我的隐私）＋U_3（发泄愤怒的情绪）。

所以，放弃 U_2 和 U_3，宽容好朋友。

故事 3：因为 U_1（让同学觉得我是宽容大度的人）＞U_2（表明我不允许别人弄脏我的裙子）＋U_3（发泄愤怒的情绪）。

所以，放弃 U_2 和 U_3，宽容同桌。

故事 4：因为 U_1（维持乐于助人的形象）＋U_2（表明自己坚强）＞U_3（表达自己的伤心和失望）。

所以，放弃 U_3，宽容老师和同学。

故事 5：因为 U_1（不让老师觉得翻译得不好还没礼貌）＞U_2（斥责男生的无礼）。

所以，放弃 U_2，宽容那个男生。

故事 6：因为 U_1（让班长觉得我是一个宽容的人）＞U_2（表达自己的委屈和不满）。

所以，放弃 U_2，宽容忘了还书的同学。

其中故事 1 和故事 2 是从有用性的层面进行比较，认为"有姐姐陪着玩""有人一起上下学"所带来的好处更多。除此之外的体验中，尊严感都是一个重要的考虑因素，"让同学觉得我是大度的人""不让老师觉得自己没礼貌""让班长觉得我是一个宽容的人""维持乐于助人的形象表明自己的坚强",这些都是和尊严感紧密相关的。所以穆勒用"偏好"一词来表达人对于高质量的利益和快乐的追求是贴切的。值得注意的是"偏好"指的是一种直接的倾向,而不是指最终的选择,而人们往往把这两者等同。"他们错误地把偏好等同于'选择',即等同于一个追求行为。这种选择当然必须已奠基在对一个价值之更高状态的认识之中,因为我们只能在各个可能的目的中选择那个奠基在一个更高价值之中的目的。但'偏好'是在没有任何追求、选择、意欲的情况下进行的。"①也就是说偏好是一种非常原初的倾向,它是选择的基础,但并不必然地指向选择行为的实现。

三、基于利己功利的宽容的本质

在以上呈现的故事中蕴含着这种宽容体验类型的一般模式:当自己的想法、权利、利益受到他人的阻止、侵犯、破坏时,虽然心怀不满,但经过利益权衡,为了保全更重要的利益而克制自己的消极情绪,不对他人的行为计较。这种宽容的一般模式在前文的每一个故事中都有体现。在这些体验中,保全自己更重要的利益是目的,宽容只是达到这个目的的手段。穆勒说人总是偏好高质量的利益和快乐,但是"偏好"只是一种倾向,它不意味着最终的行为选择,所以即使人"偏好"某种可以通过宽容实现的更高质量的利益和快乐,在实践中由于各种因素的参与也不一定选择宽容。而且"偏好"总是相对的,如果出

---

① [德]马克斯·舍勒:《伦理学中的形式主义与质料的价值伦理学:为一门伦理学人格主义奠基的新尝试》,倪梁康译,105页,北京,生活·读书·新知三联书店,2004。

现其他个体"偏好"的更高质量的利益和快乐，而要获得这些利益和快乐就不能宽容，那显然按照功利原理个体就不会宽容。

由此看来，基于利益权衡的宽容并不稳定。手段总是为目的服务，如果目的发生变化，手段自然会随之改变。从对以上故事的分析还可以看出，儿童选择宽容还是不宽容往往不是仅仅取决于事件本身的因素，周围情境的因素也发挥着很重要的作用，比如，事情发生时，周围是否有他人在场？在场的他人中是否有自己特别在乎的？对事情不同的处理方式会如何影响自己和在场的他人的关系？等等。事情总是发生在特定的情境中，对于同一个人，即使是类似的事情也往往有不同的利益权衡项，往往做出非常不同的选择。比如有人侵犯了我的利益，在有我认为需要给他留下好印象的第三者的情况下，我会宽容；同样的情况，如果这个第三者不在现场，则我不会宽容。

除此之外，前文所呈现的基于利益权衡的宽容都是基于个人的利益，而不是基于他人或共同体的利益。对个人利益的敏感是儿童自然习得的，而对他人和共同体利益的关注则是需要教育来实现的。在尚未发展成熟的儿童期，儿童在价值判断和行为选择时不能充分估计他人和共同体利益是儿童成长必然要经历的阶段。

第三节　教育如何面对基于利己功利的宽容

基于利己功利的宽容是儿童宽容价值品质形成过程中必然

要经历的，而且这种宽容客观上也是利他的，所以其存在具有合理性。但是这种宽容终究是不稳定的，是有局限的。作为教育研究者我们首先需要明确儿童为什么会有这种宽容体验，进而思考如何教育儿童超越狭隘的利己宽容。

一、如何看待儿童基于利己功利的宽容

有学者认为，"功利主义所确立的道德终极标准则是多元的、全面的，是'一总两分'：一个总标准：增减每个人的利益总量。两个分标准之一，是在人们利益不发生冲突而可以两全情况下的道德终极标准，亦即所谓的帕累托标准：无害一人地增加利益总量。另一个分标准是在人们利益发生冲突而不能两全的情况下的道德终极标准，亦即'最大利益净余额'标准——它在他人利益之间发生冲突时，表现为'最大多数人的最大利益'标准；而在他人、社会利益与自我利益发生冲突时，表现为'无私利他、自我牺牲'标准"[①]。儿童基于利益权衡的宽容显然符合第一个分标准即在人们利益不发生冲突而可以两全的情况下无害一人地增加利益总量。这里的问题在于儿童只是笼统地知道宽容会增加被宽容者的利益和快乐，而没有真正将他人的利益和快乐纳入考虑范围。

二、儿童为什么会有这种宽容体验

(一)儿童以自我为中心

所谓自我中心，就是以自己的利益和快乐为中心。凡事都

---

① 王海明：《功利主义与义务论辩难》，载《社会科学》，2003(12)。

首先考虑自己的利益和快乐，而不在乎别人的利益和快乐，为了保全自己的利益和快乐牺牲别人的利益和快乐。自我中心是人类的一种动物性本能，"在幼小的婴儿看来，其他的人并不完全真实；他人只是工具，有的能带来婴儿需要的东西，有的不能。婴儿往往真心喜欢让父母做他们的奴隶，以控制那些为他们提供需要的力量"①。但同情"是人原初的价值意识，社会性交往使得人类的同情心得以发展，使得人能够理解别人，能够克制本能的自我中心。对于儿童来说，他们正处在从家庭迈向社会的社会化进程之中，所以在他们身上存在较为鲜明的自我中心的倾向本属正常。这种自我中心会随着家庭生活和社会生活慢慢得到调整。不正常的是目前较为普遍存在的家长对于子女的溺爱，尤其是隔代溺爱，非但没有调整儿童自我中心的倾向，反而加剧了儿童的这一倾向。由于父母工作繁忙，很多孩子都是由(外)祖父母照顾的。(外)祖父母往往退休在家，他们有足够的时间给予孩子无微不至的照顾，他们有足够的耐心可以满足孩子的各种需求。工作了一天的父母由于心怀歉疚，下班回家也对孩子百般宠爱。当孩子的任何情绪都备受关注，每一个要求都能得到满足，久而久之，儿童习惯于这种一切以他为中心的生活方式，自然而然凡事都会首先考虑自己的利益和快乐，而忽略别人的利益和快乐。对于宽容的体验也是一样，儿童最关注的是自己的利益和快乐，有利于让自己获得更

---

① ［美］玛莎·努斯鲍姆：《告别功利：人文教育忧思录》，肖聿译，34 页，北京，新华出版社，2010。

大的利益和快乐，则宽容，反之，则不宽容。在这个过程中，他人的利益和快乐并没有成为儿童的利益权衡项，儿童始终都是以自我为中心的。而且随着社会经验的增加，儿童知道宽容往往被看作一种优良的品质。让别人觉得自己有宽容的品质总是能给自己带来好处，获得别人好的评价总是能让自己快乐，这些也都是从自我利益和快乐出发。只不过宽容总被认为是利他的，除了儿童自己之外，别人很难完全洞悉儿童宽容的内在体验，所以即使儿童是从自我的利益和快乐出发而选择宽容，在别人看来也是好的，值得称赞的。

（二）家长以利己功利作为行为逻辑

儿童之所以会形成基于利益权衡的宽容体验的另一个很重要的因素就是家长的影响。如果利己功利是家长的行为逻辑，那么肯定会对儿童产生影响。这种影响或者是无意的，或者是有意的。追名逐利的社会风气就像一股力量巨大的旋风，有人心甘情愿，有人迫不得已，有人莫名其妙地就被卷入其中。很多人都自嘲是双面人，表面上宽容大度，骨子里却时刻拨弄着自己的利益小算盘。

家庭总是一个可以释放真我的地方，餐桌经常成为夫妻讨论处世之道的场所。有些家长认为孩子还小，听不懂他们在说什么，所以毫不避讳。有些家长则认为这是自己的重要经验和智慧，要求孩子一定要学会。很多孩子正是从自己父母的言行中学会了利己的功利权衡，利益权衡成为他们的行为逻辑，当然会产生基于利益权衡的宽容。

(三)社会环境中利己功利的泛滥

"享受高尚感情的能力，在大多数人的天性中都是一棵非常柔弱的花草，不仅很容易被各种不良的环境因素扼杀，而且只要缺乏营养，就很容易死亡；在大多数年轻人中间，如果他们在生活中投身的职业和社会都不利于这种高级能力的不断运用，那么它就会迅速夭折。"①目前社会上普遍存在利己功利的现象，为了能够实现个人利益的最大化，很多人想尽办法，甚至不择手段。我们似乎忘记了应将他人看作有灵魂的人，而不应仅仅看作有用的工具，不应看作实现我们计划的障碍；我们似乎忘记了应将自己看作有灵魂的人，与他人沟通，应将他人看作深刻、复杂的灵魂，与我们自己相同。② 这就是当前社会的现状，这就是存在于这个社会中的人的状态。

虽然媒体和民众对这种社会状态都给予强烈的谴责，但是一些利己行为的曝光也正表明了利己功利的泛滥和决堤。所谓泛滥决堤指的是已经侵犯了他人的利益、公众的利益。当然如果不侵犯他人的权益，没有增进共同体的利益，只是追求自己利益的最大化并不能说错，顶多是不够高尚。但一旦人陷入一种对私人利益的疯狂追求之中，往往难以自拔。利己功利一旦成为一种社会风气，就像龙卷风一样把一切都裹挟其中，高速

---

① [英]约翰·穆勒：《功利主义》，徐大建译，11 页，上海，上海人民出版社，2008。

② [美]玛莎·努斯鲍姆：《告别功利：人文教育忧思录》，肖聿译，6 页，北京，新华出版社，2010。

运转，不能停止。停下来的时候，留下的只有满目疮痍。这也正是为什么很多人都认为"功利主义必导致非正义，是因为他们忽略、抹杀了功利主义的'不损害一人地增进利益总量'标准，而把'最大利益净余额'标准完全等同于功利标准、功利主义"①。利己功利并不可怕，在每个人身上都有体现，关键的是不能泛滥决堤，不能损害他人利益。基于利己功利的宽容也无可厚非，关键的是不能虚伪和工于心计。

三、如何超越利己宽容的狭隘

虽然基于利己功利的宽容有其合理之处，在客观上也利他和利于共同体，但这种宽容是不稳定的。在不同的情境中，如果利益权衡项发生变化，或者当事人的"偏好"发生变化，那很有可能就不会宽容。除此之外，由于这种宽容是作为增加利益和快乐的手段出现的，所以非常容易变成虚假的宽容和别有用心的宽容。故而超越这种利己宽容的狭隘是非常需要的。

（一）从基于利己功利的宽容到基于共同体功利的宽容

基于利己功利的宽容只是利己功利的一个表现，要想实现从基于利己功利的宽容向基于共同体功利的宽容的转变，其根本在于从利己功利向共同体功利的转变。功利主义最终的着眼点是共同体的功利，是共同体的利益和快乐。共同体的利益和快乐并不是抽象的，而是由个人的利益和快乐组成的。这就面临一个问题，即不可避免地会存在个人利益和共同体利益不一

---

① 王海明：《功利主义与义务论辩难》，载《社会科学》，2003(12)。

致的情况。对于这个问题，功利主义认为："首先，法律和社会的安排，应当使每一个人的幸福或（实际上也就是所谓的）利益尽可能地与社会整体的利益和谐一致；其次，教育和舆论对人的品性塑造有很大的作用，应当加以充分利用，使每一个人在内心把自己的幸福，与社会整体的福利牢不可破地联系在一起，尤其要把自己的幸福，与践行公众幸福所要求的各种积极的和消极的行为方式牢不可破地联系在一起。"[①]这里功利主义不仅对法律和社会安排提出了要求，而且将教育看作实现个体功利和共同体功利的重要途径。教育存在的一个合法性前提是人是可教的，人是发展中的，人的品性是可以塑造的。不可否认，一个刚出生的婴儿并没有意识到自己降临到一个社会共同体之中，他只在乎他自己，"一个孩子最早的情感是爱他自己，其次是爱他近旁的人（这第二种情感来自第一种情感）。因为孩子还处在软弱状态，所以除了通过自己得到的帮助和关心，他不会认识任何人"[②]。孩子最初是软弱无力的，只有在成年人的爱和帮助中才能成长，如果成年人引导得当，这种成长过程中与人的交往可能增强了孩子原发的爱和同情，使他能够理解别人。但是，"人类婴儿的软弱和窘困本身会产生一种动力，它能导致道德扭曲和残忍行为，除非儿童的自恋心理和主宰他人

----

① ［英］约翰·穆勒：《功利主义》，徐大建译，17～18页，上海，上海人民出版社，2008。

② 转引自［美］玛莎·努斯鲍姆：《告别功利：人文教育忧思录》，肖聿译，29页，北京，新华出版社，2010。

的心理倾向得到疏导，流向更有益的方向"①，所以教育的作用
就显得特别重要。在成长过程中，对于大部分儿童来说关爱和
理解他近旁的人往往没有什么问题，但是对于那些关系不紧密
的人、他从未接触过的人以及对于他所在的社会却因缺乏亲身
经验的机会而难以理解。教育的一个重要作用就是将那些儿童
不能直接亲身经验的存在以直观的方式教给儿童，让他们形成
对此的理解和体验，让他们知道在自己生活之外的更长久、更
广阔的世界上有更多和自己一样的人曾经、正在过着各种各样
的生活。让儿童的心变得宽广，让儿童知道自己和很多人一起
生活在一个共同体之中，自己的行为会影响到共同体的利益，
共同体中他人的行为也会影响自己的利益。当儿童心中有了
"我们"这个概念，而不是仅仅有"我"这个概念，那么儿童的思
维和行动方式才会发生真正的改变，才会从利己的功利转向共
同体的功利。教育的"结果不仅要使任何人都无法设想，自己
的幸福竟然会与危害公众福利的行为相一致，而且要让促进公
众福利的直接冲动，存在于所有的习惯性行为动机之中，并让
与之相关的情感，在每一个人的意识活动中都占有一个大而突
出的位置"②。如果儿童心中始终有共同体的利益，有公众的福
利，那么他的宽容则必定基于共同体的功利。

---

① ［美］玛莎·努斯鲍姆：《告别功利：人文教育忧思录》，肖聿译，34 页，北京，
新华出版社，2010。

② ［英］约翰·穆勒：《功利主义》，徐大建译，17～18 页，上海，上海人民出版社，
2008。

（二）从作为手段的宽容到作为目的的宽容

如果说从基于利己功利的宽容向基于共同体功利的宽容的转变是在功利主义的框架内部进行的，那么从作为手段的宽容到作为目的的宽容的转变意在超越功利主义的局限。作为手段的宽容回答的是"在什么情况下我应该宽容"的问题，而作为目的的宽容回答的是"我怎样才能成为一个宽容的人"的问题，它所关涉的是人的价值品质，人的人格状态。

基于功利的宽容看重的是以宽容为手段可以带来的利益和快乐，如果能够带来利益和快乐则应该宽容，反之，则不应该。这样一来，宽容就成为一种不稳定的处世手段，而不可能成为稳定的、纯洁的为了宽容而宽容的目的。作为手段的宽容是功利冲突抵消的结果，而作为目的的宽容是实践中宽容品质和谐自然地流露；作为手段的宽容受很多外在因素的制约，具有偶然性，而作为目的的宽容是人在任何情境下都会做出的惯常选择；作为手段的宽容是外在于人的价值品质的利益权衡，而作为目的的宽容是内在于人的价值品质的内在欲求。由此看来，作为手段的宽容具有冲突性、偶然性和外在性，而作为目的的宽容具有和谐性、必然性和内在性。

谈到手段和目的，伦理学中传统的讨论都是集中在道德的功利论和义务论，普遍认为功利论将道德看作获取利益的手段，义务论将道德看作以自身为目的的义务履行。这里虽然讨论作为目的的宽容，但是却并不想将之归入义务论的范畴，也不想使用义务这个概念，尽管义务论大都强调自由意志，但义务这个概念还是很容易让人联想到来自外部的压抑和束缚。20世纪中叶起，安斯库姆（G. E. M. Anscombe）、麦金太尔（Alasdair MacIntyre）主张抛弃道德义务、道德责任这样的概念，提倡重回亚里士多德的德性概念，这是一种很好的选择。相比较之下，本文更欣赏舍勒的价值伦理学中所讨论的价值质性和人格。作为目的的宽容从其本质来说是一种价值质性，是完善人格的组成成分。康德曾经说过："道德法则……开始于我的无形的自我，我的人格……借我的人格，把作为一个灵物看的我的价值无限提高了，在这个人格中，道德法则就给我呈现出一个独立于动物性，甚至独立于全部感性世界以外的一种生命来。"①我们不赞同道德法则这个概念，也不赞同感性和理性的分立，但赞同人格这个概念。毋宁说人对于完善人格的追求既始于人格，又终于人格，正是这种追求把作为一个灵物的我的价值无限提高了，这种追求给我呈现出一个独立于动物性的存在状态。

人有对宽容的偏好，所谓偏好即直观地将宽容视为好的，值得追求的，应该存在；直观地将不宽容视为坏的，需要排斥的，不应该存在。在具体的情境中会产生宽容的需要，并践行宽容。宽容并不是作为达成其他意图的工具和手段，而就是为了宽容而宽容，在价值的层面追求宽容的实现，只有如此才有

---

① ［德］康德：《实践理性批判》，关文运译，164 页，北京，商务印书馆，1960。

可能实现人格的完满。人格的完满不是指作为生物性的人，追求事实、情感欲望的满足，如饱食、暖衣、逸居；而是作为承载着价值的人格，向往人之为人的"完全"、无缺憾的价值状态。

如何实现从作为手段的宽容到作为目的的宽容的转变？首先，不论家长还是教师都需要承认作为手段的宽容存在的合理性，只要孩子宽容，就给予及时的鼓励。当然不是鼓励功利计算，而是鼓励宽容本身。其次，帮助孩子从作为手段的宽容中体验宽容本身。亚里士多德曾说过，"我们通过做公正的事成为公正的人，通过节制成为节制的人，通过做事勇敢成为勇敢的人"，"我们通过培养自己藐视并面对可怕的事物的习惯而变的勇敢，而变得勇敢了就最能面对可怕的事物"。① 接着先哲的话，我们可以说我们通过做宽容的事成为宽容的人，成为宽容的人之后，就能自然而然地做宽容的事。即使第一次宽容是作为手段的宽容也没有关系，只要从中体验宽容自身的质性，只要一以贯之地去做，将宽容的价值品质融入人格，那么就会变成一个宽容的人，宽容的人做宽容的事就是以宽容为目的。宽容的直接目的不是增进个人和共同体的利益和快乐，而是人之为人自主追求的价值品质。但是作为附带的结果，它也增进个人和共同体的功利，所以说从手段到目的的转变超越功利主义的局限。

---

① ［古希腊］亚里士多德：《尼各马可伦理学》，廖申白译，1103b1～1104b1 页，北京，商务印书馆，2003。

第六章
信念使然的宽容

在研究的过程中我们发现儿童对宽容的体验还有一种类型，那就是在承认他人的自由和平等基础上的宽容，我们把它称之为信念使然的宽容。虽然这样的体验较少，但并不能说明儿童的这种宽容不重要。恰恰相反，对于将会拥有选举权和被选举权，参与公共事务的儿童来说，基于自由和平等信念的宽容体验是非常重要的。儿童这种宽容体验的缺乏正表明这是需要引起宽容教育重视的环节。

第一节　基于自由和平等信念的宽容体验

"自由"和"平等"信念指的是个体相信每个人都是自由的，相信人和人之间是平等的。一旦个体形成这样的信念，他的行动将会自觉地贯彻他的信念。儿童基于自由和平等信念的宽容实际上就是对自由和平等的维护和践行。

一、基于自由信念的宽容体验

自由的外延非常广泛，如人身自由、言论自由、出版自由、结社自由、宗教信仰自由等。相应的，自由信念的外延也很广泛，表现为对各种自由的相信。在日常生活中，自由总是在某种情境中表现出来，总是关于某件具体的事情的自由。下面呈现的故事描述的是一个七年级的女生在意识到"买什么衣服""穿什么衣服"是同学的自由之后，出于对自由信念的维护而宽容了和自己撞衫的同学。

梦瑶这已经是第三次和我买一模一样的衣服了。她总是买和我一样的衣服让我对她很反感。前两次我什么都没说，这次我实在是忍不住了。放了学我就走到她跟前很不客气地说："拜托你以后能不能不学我买衣服啊，有点自己的审美好不好。"她很诧异地说："怎么了，你不高兴了？我只是觉得你的衣服很好看。所以……"我没好气地说："总是 copy 别人有意思吗？自己有点创意行不行？"说完我就头也不回地走了。回到家还是觉得很憋屈。径直回到自己房间，把衣服脱下来使劲儿甩在床上。妈妈听到动静就过来看我怎么了，我很愤怒地把梦瑶总是跟我买同样衣服的"恶行"向妈妈描述了一遍。妈妈看着我，眼神里有一种陌生的东西，这让我一下子冷静下来。她示意我坐下，语重心长地说："我认为你不应该有这样的想法，更不应该对梦瑶说那样的话。穿什么衣服是每个人的自由，你没有权力干涉。每款衣服都有很多件，会卖给不同的人，梦瑶当然可以买可以穿。""但是是我先穿的，她学我。"我仍然不服气地说。"会有很多人和你买同样的衣服，难道你先买了别人就不能买了吗？难道你喜欢了，别人就不能喜欢了吗？这是没有道理的。梦瑶穿什么样的衣服那是她的自由。再说了，她和你买同样的衣服是因为她觉得你的衣服好看，这说明你们两个有相同的审美眼光，说不定你们两个人可以成为好朋友。你自己再好好想想吧。"妈妈说的没有错，每个人确实有选择买什么衣服、穿什么衣服的自由，我凭什么干涉梦瑶呢？本来还理直气壮的我，一下子觉得特别没道理。第二天我又穿了那件衣服，但是梦瑶没有穿。我走到她跟前对她说："昨天我不应该说那些话的，你不要往心里去，你明天也穿这件衣服吧，我们一起穿。"梦瑶高兴地说："真的吗？太好了！"

撞衫往往被视为很尴尬的事情，七年级的女生也很在意这个问题，这个女生遇到有个同学刻意去买和自己相同的衣服。在第三次撞衫的时候，女生忍无可忍，向那个同学直接表达了自己的不满。回家以后还把衣服狠狠地甩在床上，貌似以后再也不会穿它。就因为有同学买了一样的，这件本来自己非常喜欢的衣服瞬时变成了让自己"蒙羞"的罪魁祸首。其实我们知道这个女生气愤的并不是自己的这件衣服，而是模仿自己的那个同学的行为。七年级的学生正处在青春期，希望自己外形特别。所以对于有同学总是学自己买衣服、穿衣服的事情比较在意，甚至反感，这是可以理解的。为了表达自己的这种情绪，这个女生严肃地要求那位同学不要再和自己买同样的衣服。但是妈妈的话也引发了女生的思考，买什么衣服、穿什么衣服确实是每个人的自由，自己有什么权利干涉别人呢？妈妈的话引发了女生心里原本就认同的自由信念。正是这种认同使得她意识到自己的行为实际上已经侵犯了别人的自由，意识到自己的行为是没有道理的。第二天她才会收回自己的话，并主动邀请同学和自己穿同样的衣服。这也意味着这个女生从对刻意撞衫的不宽容转变为宽容，这个转变的基础在于她明晰地意识到对衣服的选择是那个同学的自由，她没有理由干涉别人的自由。这并不是说这个女生之前没有自由的信念，恰恰相反，她能够宽容表明她之前就已经有了自由的信念，只是遇到这件事情的时候，她并没有在第一时间里建立起选择衣服和自由之间的联系，但是在听了妈妈的教导之后，这种联系明晰化，对自由信念的践行就是宽容。

接下来的这个故事所描述的同样是一个初中女生由不宽容转变为宽容的事情，从中我们可以看到这个女生心目中的自由信念在这个过程中所发挥的作用。

我们班的语文课代表因病休学了，这燃起了我当语文课代表的希望。但是喜欢语文老师、想当课代表的不只我一个，还有伟欣。虽然她没跟我说过，但是我知道她肯定也想当。让我无比失望的是语文老师最终选了伟欣当课代表。从语文老师宣布这个消息开始，我就对伟欣充满了反感，经常禁不住想如果伟欣不在我们班该多好，就没人跟我抢了。最开始的几天我心里很别扭，我不想听到伟欣的声音，不想看到她，尽量避免和她接触，每次交作业都是让同桌帮我交。我只是自己默默地排斥伟欣，并没有直接在她面前或者其他同学面前表现出来。因为我知道她通知大家交作业、她在课堂上回答问题、她在班里和同学交谈、她到每个同学座位旁发作业本是她的自由，她并没有妨碍我，所以我没有理由干涉她、排斥她。最开始的几天上学就像是一种煎熬，但慢慢地我说服了自己，接纳伟欣当课代表的现实，不再排斥她。其实她的语文学得挺好的，朗诵也很好，她当语文课代表挺合适的。

　　这个女生非常想当语文课代表，但是事不如愿，老师指定了另外一名同学接任语文课代表。这引起了这个女生对新课代表的反感和排斥，不想听到她的声音，不想看到她出现在班里，以至于去想如果伟欣不在自己班里该有多好。但是这种对伟欣的反感和排斥只是在这个女生心里默默进行的，她并没有因为嫉妒而和伟欣过不去，也没有在其他同学面前说伟欣的坏话。因为她知道通知交作业、在课堂上回答问题、在班里发作业是伟欣的自由。伟欣有说话的自由，也有行动的自由。这个女生以此来说服自己，渐渐地她接纳了伟欣当语文课代表的现实，不再排斥伟欣，而且还发现了伟欣身上的优点。正是这个女孩心中的自由信念使得她可以逐渐宽容伟欣当课代表的现实。

二、基于平等信念的宽容体验

　　人和人之间的平等可以表现在不同的方面，如身份的平等、地位的平等、人格的平等，当然还有很多。儿童的平等信念是随着儿童的成长逐渐深化和扩展的。儿童在没有形成群体的观念之前，他的平等信念往往是关于另一个个体的。因为意识到另一个个体和自己在某一方面或者某些方面是相同的而宽容另一个个体。这一点在下面这个故事中有清晰的体现。

鹏越从小由奶奶带大，他养成了一个习惯就是家里有什么好吃的要紧着他一个人先吃，等他吃完了别人才能吃。春节鹏越大伯一家来奶奶家过年，鹏越就多了一个哥哥。一天爷爷买了肯德基的全家桶回来，鹏越把桶抱在自己跟前不让哥哥吃。哥哥问鹏越："你为什么不让我吃?"鹏越说："因为这是我家，就要我先吃。"哥哥说："这是奶奶家，是我奶奶家，也是你奶奶家，我们应该一起吃。"鹏越说："不是，这就是我家，我每天都在这里，你就来几天。"哥哥说："我就来几天，这里也是我奶奶家，不信你问奶奶。"鹏越又说："这是我爷爷买的，所以我要先吃。"哥哥说："这也是我爷爷，不是你一个人的爷爷，凭什么你先吃?"爷爷过来跟鹏越说："哥哥说的没错，你们两个都是爷爷奶奶的孙子，爷爷是买给你们两个吃的。"哥哥把桶放到两个人的中间，拿了一块鸡块给鹏越："给。吃吧!"鹏越犹豫了一下，还是接过了鸡块。过后鹏越问爷爷："哥哥是大伯的儿子，我是爸爸的儿子，大伯和爸爸都是爷爷的儿子，对吧?"爷爷说："嗯，对啊。"过了一会儿，鹏越又问："那爷爷是喜欢我还是喜欢哥哥?"爷爷说："都喜欢，都是我的孙子，一样喜欢。"鹏越想了一会儿而自言自语地说："那我和哥哥是一样的。"

家长的宠爱容易让孩子产生一种错觉,认为他在家里拥有独一无二的特权。鹏越就是这样一个孩子,爸爸妈妈和爷爷奶奶都很宠他,家里有什么好玩的、好吃的都紧着他一个人先玩、先吃,鹏越已经习惯了这种状态。大伯家哥哥的到来让鹏越已经形成的习惯受到了冲击。当鹏越习惯性地把肯德基抱到自己跟前要自己先吃不让别人碰的时候,哥哥问了鹏越一个问题:"你为什么不让我吃?"从鹏越的回答我们可以看出他理直气壮地认为这是他自己的家,在这个家里他自然而然地拥有一个人先享美食的特权,但是哥哥的话打破了他的这个设想,这是奶奶的家,是鹏越奶奶的家,也是哥哥奶奶的家,所以鹏越根本就没有什么特权。鹏越很快又想到一个理由,"这是我爷爷买的"。哥哥又让鹏越意识到爷爷不仅是鹏越的爷爷,也是哥哥的爷爷,所以鹏越还是没有什么特权。后来鹏越和哥哥一起吃了肯德基,但是他还是在琢磨这件事情,他再次向爷爷求证哥哥说的是不是真的,并想出了能为自己的特权辩护的最后的一个问题,就是问爷爷喜欢谁。爷爷的回答让鹏越彻底明白了他和哥哥是一样的,他没有一个人先吃肯德基的特权,他应该和哥哥一起吃。鹏越原本不允许哥哥和他一起吃肯德基,这是他对要和他一起分享美食的哥哥的不宽容。但是在意识到他和哥哥都是在奶奶家里,肯德基是他和哥哥共同的爷爷买的之后,他允许了哥哥和他一起吃,这是对哥哥宽容。从不宽容到宽容的转变主要在于鹏越意识到他和哥哥是一样的,虽然事后他还是不甘心，但是爷爷的回答让他知道了他在哥哥面前没有什么特权。虽然鹏越没有使用"平等"这个词，但是他所体验到就是他和哥哥的平等，因为是平等的，所以哥哥可以和他做同样的事情，比如同时吃好吃的。正是这种平等的信念让鹏越宽容了哥哥。

随着儿童的成长，他逐渐形成了对群体的概念，他渐渐地知道自己总是属于某个群体的。当然，儿童最早的群体概念往往是对"家庭"的概念，他逐渐知道自己、爸爸和妈妈是同一个家庭中的成员。同是家庭成员，在家庭中当然平等地享有权益。接下来的例子所呈现的就是儿童在意识到自己作为家庭成员和妈妈平等享有使用电脑的权利之后，和妈妈达成了电脑使用协议。

星期天下午我经常因为用电脑的事情和妈妈发生冲突。我要用电脑玩游戏，妈妈要用电脑改稿子，可是家里就一台电脑。吃过中午饭，我和妈妈经常抢电脑，我抢上了就高兴得手舞足蹈，一旦妈妈抢上了，我就在她跟前磨叽来磨叽去让她把电脑让给我。后来妈妈说要跟我商量一个解决的办法。她说我们都是家里的一员，都可以用电脑，可以把周日下午的时间平均分成两个时段，我和妈妈每人用两小时，一个人用的时候另一个人不许打扰，到了两小时要按时把电脑让给另一个人，不许耍赖。我跟妈妈说："这不公平，你每天晚上都可以用电脑，而我只能周日下午用。为什么周日下午你还要和我抢？"妈妈说："平常晚上我用的时候你都睡觉了，我们没有冲突，只有周日下午的时候我们才有冲突。你要玩游戏，我要改稿子。我们都是家庭成员，我们是平等的，所以每个人两小时，这很公平啊。"想想妈妈说的有道理，我就和妈妈达成了这个协议。妈妈用电脑的时候我再也没有打扰过她。

电脑游戏对儿童具有很大的吸引力，儿童总是想方设法地要玩，家长总是费尽心思地控制，所以才出现了案例中的孩子跟妈妈抢电脑的情形。或许妈妈并不是非要那个时候改稿子，只是不想让孩子玩太长时间电脑游戏而已。但是即使妈妈抢到了电脑，孩子也并不甘心，他在妈妈跟前磨叽非让妈妈把电脑让给自己，这是他不宽容的表现。妈妈想的办法让孩子意识到自己和妈妈都是家里的一员，都有使用电脑的权利，当两个人都想用的时候，采取平均分配时间的方式，每个人用两个小时。虽然最开始孩子还是觉得不公平，因为妈妈每天晚上都可以用电脑，而自己只是在周日下午才用。但是妈妈的理由也很充分，其他时间两人用电脑并不存在冲突，只有周日下午才有冲突，所以要平均分配周日下午的时间。孩子觉得妈妈说的有道理，就和妈妈达成了平等协议。在妈妈用电脑的时候孩子不再去打扰，这是他宽容的表现。孩子从不宽容到宽容的转变是因为意识到妈妈和自己平等地拥有使用电脑的权利，而且也意识到这个平等具体表现在他和妈妈用电脑存在冲突的时候，其他没有冲突的情况下是否平等地拥有电脑使用权这个问题并不凸显，所以在周日下午自己不能霸占电脑，而是要根据平等协议，和妈妈轮流使用。孩子的宽容是以他内心的平等信念为基础的。

　　家庭是儿童能够体验到的第一个群体，也是最小的群体。当儿童走出家门，进入学校之后，儿童就融入了一个更大的群体，那就是班级。通过接受教育、通过和同学们相处，逐渐地他会意识到自己是班级中的一员，逐渐地意识到班级中的每个成员都拥有平等的权利。下面这个故事描述的是初中生对班级中患有多动症的同学从不宽容到宽容的过程。从中我们可以看到他们的宽容正是基于意识到那个多动症的同学和他们一样都是班级中的一员，基于意识到他们一样平等地享有受教育的权利。

　　和她第一次见面就觉得她格外的热情。那是一次分班考试，她来晚了。大家都在安静地答题，她一进教室就大声和以前认识的同学打招呼，弄的那个同学很尴尬。后来，我和她分在了一个班。她上课格外活跃，嘴里总是没完没了地说个不停，也听不清楚她到底在说些什么。她不仅上课打扰我们听课，下课更是能闹，而且有时还把自己弄得像个"大花猫"。她很爱和班里的同学争吵、打架，但总是输，输了就哭。最开始的时候我们经常告老师，甚至有的同学告诉家长，让家长跟老师说有学生影响了自己孩子的学习。有一次她没来上学，老师专门开班会告诉我们说这个同学比较特殊，管不住自己，说她并不是故意扰乱课堂纪律，也不是故意和同学们打架，只是不由自主地就那样做了。老师还说虽然这个同学有点特殊，但是她和大家一样平等地拥有受教育的权利，她和大家一样都是我们班级的一员。她自己正在努力地调整，她的家长也花费了很多精力在帮助她，所以希望班里每一个同学都不要排斥她，要像对待其他同学一样对待她、宽容她。那次班会以后，大家对她的态度就改变了很多。其实她挺不幸的，一个管不住自己的人应该很痛苦吧。但是她需要的不是大家的同情，而是大家平等地对待她、接纳她、帮助她、宽容她。现在我们和她一起生活快三年了，她上课有时还是会弄出一些噪音，周围的同学会提醒她，大家也都不去计较。下课了她还是喜欢和同学闹，大家也都很友善。

大家都在静悄悄地考试答题，有同学迟到了，而且进门就大声和别人打招呼。这种行为方式和考场这样一个情境太不协调，很多同学肯定会觉得这个女生有点奇怪，用描述者自己的话说就是"格外热情"。但这仅仅是一个开始，和这个女生分到一个班后才发现她课上课下都"格外活跃"，课上总是自言自语地说些什么，课下总是喜欢和同学打架。可想而知，同学们对这样一个同学会有怎样的态度。不断地有同学向老师报告这个女孩的问题。有的同学甚至告诉了家长，让家长来向老师反映情况。由此可见很多同学都不喜欢这个女生，认为她影响了自己的学习，对她充满了排斥。但是老师告诉大家这个同学不是故意打扰大家，而是因为某些特殊的原因管不住自己，告诉大家虽然这个女生比较特殊，但是她和大家一样平等地享有受教育的权利，告诉大家她也是班集体的一员，应该得到大家平等的对待。老师的话引发了同学们的思考，这个女生虽然有点不

同，但她和我们是一样的，就像每个人都有缺点一样，只不过
她的缺点是仅凭她自己的力量不能克服的。同学们没有理由排
斥她，因为她和大家一样有上学的权利，她在班级里就应该获
得平等的对待。正是因为老师告诉同学们这个女生和大家一样
平等地拥有上学的权利，所以唤起了同学们心中的平等信念。
同学们不应该排斥她，而是要真正把她看作班集体中的一员接
纳她、宽容她、帮助她。同学们也确实这样做了，所以在和这
个女生同班的近三年时间里，大家相处得越来越融洽。同学们
对这个女生从不宽容到宽容的转变主要是因为老师让大家意识
到这个女生和每个同学都是一样的、平等的，同学们心中被唤
醒的平等信念是宽容这个女生的基础。

第二节　儿童的自由平等信念与宽容的关系

在前面所呈现的儿童的宽容体验中我们可以看到这些宽容
体验和儿童的自由平等信念密切相关。"平等与自由是人类在
群体性的相互交往中在精神层面形成的两大基本价值目标，人
类千百年来所向往的诸多价值都不过是这两大价值的派生物或
具体化。"[1]在儿童的体验中，这些信念和宽容有着什么样的关
系呢？

---

① 冯亚东：《平等、自由与中西文明：兼谈自然法》，1 页，北京，法律出版社，
2002。

一、儿童的自由信念和宽容的关系

从以上儿童的宽容体验可以看出儿童的自由信念和宽容确实存在密切的联系，但是这里的自由信念不是对自己自由的彰显和追求，而是对别人的自由的承认和维护，如撞衫的女生承认同学有选择衣服的自由。儿童宽容体验中所涉及的自由信念都是向他的，即儿童相信每个人都享有自由，应该承认和维护别人的自由。即使别人的某些行为引发了我消极的情绪体验，只要这些行为没有超出自由的范围，那么我就不能干涉。在不干涉的基础上，我如果能够化解我的消极情绪，转向对他人的自由的接纳，积极地和他人的自由共存，这就是宽容。所以说儿童的自由信念是其宽容意识的基础，但是儿童的自由信念并不是必然导向宽容，从自由信念向宽容意识的转变还是需要动力的，这个动力或者来自内部，自己说服了自己要积极接纳他人的言行，或者来自外部，通过别人的引导和帮助化解了消极情绪，积极和他人共存。自由信念和宽容意识之间的关系可以如下表示：

你做 A 引发了我的消极情绪

我承认做 A 是你的自由——自由信念

我接纳你做 A—— 宽容意识

二、儿童的平等信念和宽容的关系

从前文儿童基于平等信念的宽容体验我们可以看到当儿童心中觉得自己比别人优越，自己拥有某种特权的时候，往往认为有些事情自己可以做，但是并不宽容别人去做。就像鹏越不宽容哥哥和他一起吃肯德基，就像女孩子不宽容妈妈周日下午用电脑，就像同学们不宽容班级里有一个"格外热情"的女孩。当他们知道自己并不比他人优越，自己并不拥有某种特权，自己和他人是平等的时候，就会意识到自己可以做的事情，他人同样可以做，没有任何理由不宽容他人做同样的事情。例如，鹏越意识到自己和哥哥是一样的，自己没有理由不让哥哥一起吃肯德基；女孩意识到妈妈和自己是平等的，自己没有理由霸占电脑；同学们意识到那个女孩和每个同学都是平等的，自己没有理由排斥她。平等的信念并不是儿童自然就有的，而是需要通过启发和引导来获得。在以上三段体验中，鹏越是通过哥哥的质疑产生了对平等的理解，女孩是通过妈妈的平等协议形成了对平等的理解，班里的同学是通过老师的教育才形成了平等的信念。在平等信念基础上的宽容实际上是一种推己及人，是"己所欲，施与人"，可以简化地表达为：

我（想）单独做 A；

你（想）做 A；

因为你和我是平等的　　——平等信念；

所以我接纳你（想）做 A　——宽容意识。

第三节　自由和平等作为人类追求的两项基本价值

长久以来，自由和平等一直是人类追求的基本价值。美国

《独立宣言》宣称："造物者创造了平等的个人，并赋予他们若干不可剥夺的权利，其中包括生命权、自由权和追求幸福的权利。"法国《人权宣言》明确宣布："人与人生来是而且始终是自由的，在权利方面是平等的，财产权是神圣不可侵犯的。"这些都是以国家宣言的方式凸显了自由和平等对于人的重要意义。早在古希腊，亚里士多德就在《形而上学》中提出"人本自由"的观点。17世纪洛克将"自由""生命"和"财产"视为人的三项天赋权利。18世纪卢梭指出"如果我们探讨，应该成为一切立法体系最终目的的全体最大的幸福究竟是什么，我们便会发现它可以归结为两大主要的目标：自由与平等。自由，是因为一切个人的依附都会削弱国家共同体中同样大的一部分力量；平等，是因为没有它，自由便不能存在"[①]。19世纪皮埃尔·勒鲁(Pierre Leroux)认为："使人自由，就是使人生存……缺乏自由，那只能是虚无和死亡；不自由，则是不准生存。"[②]"如果你们问我为什么要获得自由，我会回答你们说：因为我有这个权利；而我之所以有这种权利，乃是因为人与人之间是平等的。"[③]由此可见，长久以来自由和平等一直是人类追求的基本价值。

一、自由

对于自由是什么这个问题，不同的学者给出了不同的定

---

① ［法］卢梭：《社会契约论》，何兆武译，69页，北京，商务印书馆，1980。
② ［法］皮埃尔·勒鲁：《论平等》，王允道译，12页，北京，商务印书馆，1988。
③ 同上书，14页。

义。摩狄曼·J. 阿德勒(Mortimer J. Adler)将自由分为三种主要的形式。第一种是人性之中固有的自由，我们生来就拥有它。如同理性思考或概念性思维和综合说话能力，这种自由是人类特有的；第二种主要形式是与智慧和美德相联系的自由。只有那些在其个人发展过程中已经获得了一定程度的美德和智慧的人才拥有这种自由；第三种主要形式完全依赖于有利的外部环境，我们能够在公开的行为中实现我们所做的决定。① 按照阿德勒的理解，第一种自由是先天的，第二种自由是后天习得的，而第三种自由是受外部环境限制的。在政治社会中，所谓的外部环境限制就是法律限制，也就是法律规定要做的和法律禁止做的。阿德勒认为先天的自由和后天习得的智慧和美德的自由往往自然地不会去触碰法律的禁地，只有环境的自由才需要法律的限制。孟德斯鸠认为："自由是做一切法律所允许做的事情的权利。然而，如果一个公民能够做法律所禁止的事情的话，那么他就不再有自由，因为其他人同样有这个权利。"②显然孟德斯鸠对自由的理解基于法律契约，是在法律所允许的范围内做自己想做的事情的自由。但是这里存在一个问题，即法律权利只是人众多权利的一种，除了法律权利之外还存在像道德权利、习惯权利这样不是由法律规定的，但是被社会成员普遍认为具有正当性的权利。孟德斯鸠对自由的界定没

---

① ［美］摩狄曼·J. 阿德勒：《六大观念：真、善、美、自由、平等、正义》，陈珠泉、杨建国译，147～150 页，北京，团结出版社，1989。

② ［法］孟德斯鸠：《论法的精神》，孙立坚等译，182 页，西安，陕西人民出版社，2001。

有很好地说明在非法律权利之外人们所拥有的自由。与孟德斯鸠对自由的定义相比,罗素(Bertrand Russell)的理解要更为宽泛一些,他认为:"我们所要追求的自由不是压制别人的权利,而是在不妨碍他人的前提下按照我们自己选择的方式进行生活和思考的权利。"①罗素对自由的界定同样为自由划定了界限,即不压制、不妨碍他人的权利,这里的权利应该不仅仅指法律权利。

那儿童所理解的自由是什么呢?在前文所描述的儿童体验中,被撞衫的女孩当听到妈妈说穿什么衣服是每个人的自由的时候,她从心底里认可妈妈说的话。正是因为认可,她才会觉得自己去干涉同学买衣服、穿衣服是没有道理的。妈妈并没有要求女孩必须要维护别人的自由,只是唤醒了女孩心里已经有的对自由的认可。"课代表"风波中的女孩认为通知收发作业、在课堂上回答问题、课间和同学交谈、到每个同学座位旁发作业本是新课代表的自由,虽然她不想听到新课代表的声音,不想看到新课代表在班里出现,但是她知道新课代表有说话和行动的自由,新课代表的自由并没有妨碍到这个女孩,所以她没有理由干涉新课代表,她所能做的就是接纳新课代表的存在并欣赏她的存在。当儿童自然地产生这些体验的时候,当儿童自然地使用自由这个词汇的时候,他们内心深处都有对自由的理解。总体来说就是他人可以自主行动,当他人的自主行动没有

① [英]罗素:《自由之路》,李国山等译,221页,北京,文化艺术出版社,1998。

直接侵犯我的权利的时候，我不能干涉。显然儿童对自由的理解还是非常朴素的，并没有涉及法律和政治层面，这也验证了阿德勒的观点，在法律禁地之外有广阔的自由空间。但我们并不能由此推出儿童可以没有对法律和政治意义上的自由的理解，恰恰相反，今天的儿童就是明天拥有选举权和被选举权的公民，就是明天参与国家管理的一员，学校教育和社会教育需要让儿童理解法律和政治领域中自由的内涵。

二、平等

平等也是人类追求的一项基本价值，"当一个事物和另一个事物相互平等时，它在某一方面不比另一事物多，也不比另一事物少。当它们不平等时，它们之间的不平等性就在于在某一个方面，一个事物多而另一个事物却少；或者，一个事物高级而另一个事物却低级"①。这可以看作对平等较为直白的解释，从中可以看出三层意思：其一，平等一定是具体的某个方面的平等，而不是模糊的整体的平等；其二，平等可以指数量上的相等；其三，平等可以指等级上的相同。亚里士多德认为："凡自然而平等的人，既然人人具有同等的价值，应当分配给同等的权利；平等的人基于平等的或相反地对不平等的人给予不平等的名位。"②这里亚里士多德强调的是作为公民的人的平等，公民处于相同的社会层级，拥有相等的社会权利。霍

---

① [美]摩狄曼·J. 阿德勒：《六大观念：真、善、美、自由、平等、正义》，陈珠泉、杨建国译，163页，北京，团结出版社，1989。

② [古希腊]亚里士多德：《政治学》，吴寿彭译，12页，北京，商务印书馆，1965。

布斯(Thomas Hobbes)认为："每一个人都应当承认他人与自己生而平等，违反这一准则就是自傲。"①因为在他看来，"自然使人在身心两方面的能力都十分相等，以致有时某人的体力虽则显然比另一人强，或是脑力比另一人敏捷；但这一切总加在一起，也不会使人与人之间的差别大到使这人能要求获得人家不能像他一样要求的任何利益，因为就体力而论，最弱的人运用密谋或者与其他人处在同一种危险下的人联合起来，就能具有足够的力量来杀死最强的人"②。洛克也承认人人平等，"同种和同等的人们既毫无差别地生来就享有自然的一切同样的有利条件，能够运用相同的身心能力，就应该人人平等，不存在从属或受制关系，除非他们全体的主宰以某种方式昭示他的意愿，将一人置于另一人之上，并以明确的委任赋予他以不容怀疑的统辖权和主权"③。他所强调的也是公民在政治地位和权利上的平等。卢梭认为："平等这个名词不是指权利与财富的程度应当绝对相等；而是说就权利而言，则它应该不能成为任何暴力，并且只有凭职位与法律才能加以行使，就财富而言，则没有一个公民可以富得足以购买另一个人，也没有一个公民穷得不得不出卖自身。这就要求大人物这一方必须节制财富与权利，而小人物这一方必须节制贪得与觊觎。"④他希望可以通过社会公约在公民之间确立这样一种平等，让大家在同样的条件

---

① [英]霍布斯：《利维坦》，黎思复、黎廷弼译，117 页，北京，商务印书馆，1985。
② 同上书，92 页。
③ [英]洛克：《政府论(下)》，叶启芳等译，5 页，北京，商务印书馆，1964。
④ [法]卢梭：《社会契约论》，何兆武译，66 页，北京，商务印书馆，2004。

下，获得同样的权利。由此可见，学者大都承认人生而相同的
自然状态，承认人之为人的平等，进而要求和追求作为社会中
的公民在政治地位和法律权利上的平等。

儿童心中关于平等的信念是怎样的呢？年龄较小的儿童对
于政治和法律尚不理解，他们往往基于自己日常的生活经验将
平等理解为在某个情境下双方地位的相同。例如，鹏越的意识
里尚没有平等这个概念，但是他能理解哥哥和自己是一样的，
哥哥和自己一样在奶奶家里，哥哥和自己一样吃爷爷买的肯德
基，哥哥和自己一样是爷爷奶奶的孙子，哥哥和自己一样获得
爷爷奶奶的喜欢，从这个理解中，鹏越意识到自己并没有什么
特别，没有独自一个人先吃肯德基的权利。再如和妈妈抢电脑
的小女孩，她之前并没有意识到家庭成员对家里的公用设备拥
有平等的使用权。但在妈妈说了之后，她觉得妈妈说的有道
理，她所理解的平等就是她和妈妈同样都是家庭成员，她和妈
妈都可以使用电脑。在使用发生冲突的时候，她们平均地分配
时间，基于此她和妈妈达成了平等的电脑使用协议。随着儿童
的成长，随着学校教育和社会经验的增多，儿童逐渐产生对法
律的认识，明白法律规定了人的权利和义务，知道法律神圣不
可侵犯。法律所赋予每个人的平等权利自然会影响儿童对平等
的理解。就像初中生对于特殊同学从不宽容到宽容的转变，在
这个过程中班主任所强调的这个女生和大家一样平等享有受教
育的权利，参与构成着学生的平等信念。

自由和平等是人类追求的两项基本价值，从儿童的宽容体

验中可以看到这两项基本价值所发挥的基础作用。就像有学者说的宽容是"对自由的承诺这一核心价值的扩展或详细阐述"[①]，那自由就是宽容的基础。自由又总是和平等不可分离，所以很多情况下宽容也是对平等这一核心价值的扩展和阐述。自由和平等这两项价值之间存在着密切的关系。人总是社会中的人，人本身就具有政治性，所以个人自由必然是主体间的自由。要想实现主体间的自由，平等就成为必须的保证。很多人在讨论自由的时候都要为自由设置界限，无论是以法律的形式还是以道德的形式，这种界限就是因为人人生而平等，公民权利平等，我实现我的自由不能妨碍他人实现他的自由。正是在平等的保障之下，社会中的自由才能真正实现。

第四节　以自由和平等教育为基础培养儿童的宽容品质

通过对儿童宽容体验的分析我们可以看到，在某些情境中，儿童所产生的宽容的意识和做出的宽容行为是基于他们的自由信念和平等信念。正是因为他们或模糊或清晰地知道、相信每个人都是自由的平等的，所以才宽容了他人在自由和平等范畴之内的存在。自由和平等根植于人的本性，但每个人并不是生而知道自己是自由的，自己和他人是平等的。长久以来人类复杂而艰难的生存境遇也使得自由和平等这两项基本价值遭

---

① ［英］安东尼·阿巴拉斯特：《西方自由主义的兴衰》，曹海军译，84 页，长春，吉林人民出版社，2004。

受着损毁。人类经过上千年的反思和总结才认识到自身所具有的这种本性，才将它们作为主动追求的、试图更好实现的价值目标。对个体来说，自由和平等信念不是个人自发形成的，而是在人类社会中接受理性启蒙、进行自我反思的结果。在儿童自由和平等信念基础上产生的儿童的宽容意识更需要通过教育来促成。

基于以上对自由和平等的探讨我们可以大体将自由和平等分为人自然本性所呈现出的自由平等和法律契约所规定的自由平等。例如，思考的自由、人人生而平等是人自然本性所呈现出的自由和平等，而参与选举的自由和平等地参与选举的资格是由法律所规定的自由平等。培养儿童的自由和平等信念要兼顾这两个方面，以自由和平等教育为基础的宽容教育也可以从这两个方面入手。

一、唤醒儿童自然本性中的自由平等信念，培养儿童的个体宽容意识

儿童自由地在草地上奔跑，累了躺在草地上望着天空的云朵自由地想象，渴了拿起身边的水杯自由畅饮，有小伙伴过来又起身自由地和他们玩耍。儿童每时每刻都在享用着自由，但是儿童对它也许并没有觉察。某天他生病了，只能躺在床上无比羡慕地看着别的孩子在草地上欢笑，他才感觉到自己缺失了一些什么，他知道他所缺失的是不能随心所欲地去草地上奔跑，但他不知道这个他所缺失的东西就是自由的一种——下床

玩耍的自由。这是他曾经拥有的东西，现在缺失了，正是这种缺失让他体会到它对于自己是多么的重要。渐渐地，儿童从大人那里，或者从童话书里、儿童剧中看到了和自己曾经的体验相似的情境，从他们那里他知道了那个如影随形跟着他的东西，缺失了就会令人沮丧难过的东西叫作自由，知道了自己有玩耍的自由、有学习的自由、有编童话故事的自由、有用画笔展现自己的想象的自由。儿童总是在成年人的看护下长大，在儿童成长的过程中会有伙伴，在和成年人以及伙伴们的交往中，儿童发现不仅仅是自己拥有自由，他身边的人都像他一样拥有自由。这里的发现可能是儿童自己主动发现，也可能是在成年人的帮助和引导下发现。就这样儿童逐渐形成一种信念：我是自由的，别人和我一样也是自由的。

很多家长都遇到过这样的问题，突然有一天孩子问你："妈妈我是从哪里来的？"这样的问题曾经让很多家长措手不及。我就曾遇到一个四岁的孩子问妈妈这个问题，这位妈妈先是一愣，想了几秒钟，跟小男孩说："是爸爸给了妈妈一颗种子，妈妈把它种在肚子里。种子在妈妈肚子里长大了就变成了你，然后你从妈妈肚子里出来了。最开始你只有这么小，现在你都长这么大了。"小男孩似懂非懂地点点头。过了几天一个阿姨抱着不到两岁的小女孩到小男孩家里玩。两个小孩坐在地板上玩玩具，只听小男孩对小女孩说："你知道你是从哪里来的吗？是你爸爸给了你妈妈一颗种子，你妈妈把它种在自己的肚子里，种子长大了就成了你，然后你从你妈妈肚子里出来了。"我们几个大人在旁边强忍着笑，小男孩的妈妈很吃惊地说："真没想到他听进去了。"这里讲这个故事不是想探讨如何回答孩子提出的这个问题，而是想说儿童在很小的时候就能知道别的孩子和自己是一样的，就像那个小男孩所理解的自己是从妈妈肚子里出来的，那眼前的这个小妹妹也是从她的妈妈的肚子里出来的。由此可见儿童在成长的过程中会逐渐地认识到自己和别的孩子是一样的，都有爸爸妈妈，都有家，都有一个名字，都要穿衣服，都会说彼此能听懂的话。虽然最开始儿童可能不知道平等这个词语，但是他已经有了平等的意识。他将自己的这种意识和平等这个词相匹配则是需要通过接受教育来实现。

儿童形成自由平等意识，产生自由平等信念需要启蒙，教育理所应当承担这份使命。无论是家长还是教师都应该在和孩子日常交往的过程中敏感地关注他们对自由和平等的感知状态，在恰当的时机用儿童能够接受的方式唤醒他们的自由平等信念，让儿童知道并且相信自己和别人是平等的，自己所享有的自由别人也同样可以享有。这个时候儿童对自由和平等的理解都是关于在他的生活中出现的某个具体的人，在此基础上产生的宽容也往往是针对儿童在日常生活交往中所遇到的个体，我们把这种宽容称为个体宽容。在唤醒儿童自由平等信念的基础上如何培养他们的个体宽容品质呢？当某个人的某些言行引发了儿童消极的情绪体验时，家长和教师要引导儿童去思考或者帮助儿童分析那个人的言行是不是他的自由？那个人的言行有没有直接侵犯你的自由？如果他的言行并没有直接妨碍你的自由，而且他的言行在他个人自由的范围之内，你就不能干涉他。不干涉分为两种情况，一种是持有消极情绪的不干涉，即我不干涉你，但是我内心对你的言行充满了反感，这种反感的消极情绪扰乱了我正常的生活，我需要很努力地去压制这种消极情绪才能容忍你的言行。另一种是持有积极情绪的不干涉，即虽然最开始你的言行引发了我的消极情绪，但当我意识到这是你的自由的时候，我不去计较你的言行，或者说接纳了你的言行，从而也消解了我的消极情绪。显然后者才是宽容。基于儿童自由信念的宽容教育就是要在儿童意识到某种言行是他人的自由的时候能够消解自己的消极情绪，从容大度地接纳他人的言行。基于儿童平等信念的宽容教育也是一样，当儿童想单独做某件事情，他人也想同时做同样的事情，因为某些原因儿童会排斥。这个时候家长和教师需要引导儿童去思考他人和自己在做这件事情方面是不是平等，如果儿童承认双方的平等，那么继续引导儿童思考为什么你可以做，而不允许他人做？如果找不出合适的理由，则意味着你不能干涉他人做这件事情，也就意味着你应该允许他人和你做同样的事情。当然这里依然涉及情绪情感的问题，当你充满敌意和怨恨地允许这不是宽容，只有你心平气和地接纳才是宽容。基于儿童平等信念的宽容教育就是要教儿童在意识到他人和自己是平等的时候消解自己的消极情绪，心平气和地接纳他人的言行。自由的家庭氛围、平等的亲子关系，自由的学校班级氛围、平等的师生和同学关系都有助于养成儿童自由平等的信念，在此基础上也有助于培养儿童的宽容意识。

二、引导儿童理解法律所规定的自由平等，培养儿童的社会宽容意识

儿童的自然本性中蕴含着自由和平等，通过教育的唤醒，儿童可以基于日常生活形成自由平等信念，在此基础上可以形成对日常生活中所遇到的个人的宽容。儿童总是在成长，今天的儿童就是明天手握选票的公民，儿童仅仅有基于日常私人生活的自由平等观念和个体宽容意识是不够的。在法治社会中要想把儿童培养成合格的公民，还需引导儿童理解由法律所规定的自由平等，并在此基础上培养儿童的社会宽容意识。

如何引导儿童理解法律所规定的自由平等？在日常生活中儿童可以从成年人那里，或者是从电视报纸等媒体中偶然获知人的自由平等由法律规定，受法律保护，但这样形成的理解往往是模糊的、不清晰的。要想使儿童形成系统的、清晰的理解还需依靠学校教育。在基础教育思想品德课程中有专门的章节对儿童进行法律教育，这些内容的设置旨在培养儿童的法律意识，引导儿童自觉用法律来规范自己的社会活动。学校教育首先要让儿童明白法律庄严不可违背，其次要让儿童明白法律对自由和平等的规定是每个人都必须要遵守的。

儿童基于日常生活所形成的自由平等信念往往是依靠个人情感或者道德自觉来维持，它在个人的日常生活中发挥作用，而由法律所规定的自由和平等却是依靠国家强制力来保障的，它涉及社会公共生活的各个方面。引导儿童理解法律所规定的自由和平等，就是让儿童明白公民的平等地位是由法律规定的，公民的自由是受法律保护不可侵犯的。即使有公民个人或者群体的行为引发了你的消极情绪，只要他们的行为没有超出法律所保护的自由和平等的范围，你就无权干涉。公民与个人不同，个人完全可以仅受个人情感和利益的支配来做出价值选择，但公民必须要以国家利益、国家中其他公民的利益为出发点来做出价值选择。所以当有不同的声音和思想出现的时候，即使这个声音和这种思想让作为个体私人的你产生了消极的情绪，只要这个声音、这种思想没有违反法律，作为公民的你就要维护它的存在，因为维护它的存在就是在维护法律的权威，就是在维护整个社会的利益。在社会公共领域中个体不是作为个人参与公共生活，而是作为公民享有公民权利履行公民义务，这个时候对不同声音和不同思想的接纳就不是个体宽容而是社会宽容，因为它所涉及和影响的是全社会的利益。

《中华人民共和国宪法》第三十三条规定："凡是具有中华人民共和国国籍的人都是中华人民共和国公民。"儿童从获得国籍的那天起就拥有了中国公民身份。儿童作为公民，其行为会影响社会整体的利益，所以培养儿童的社会宽容意识是非常必要的。社会宽容意识的养成不是一蹴而就的，要想使拥有选举权和被选举权的公民具有社会宽容意识，也必须在他们还是儿童的时候就开始培养。

儿童宽容体验的不同形式及发生秩序

  从现象学教育学的视角来看，探究儿童的宽容体验是开展宽容教育研究的开端，教育者只有首先明晰儿童在生活世界中是如何体验宽容的，才能从儿童真实的宽容体验出发对宽容教育进行整体细致地筹划。这包括：如何通过教育使得儿童在十八岁成人的时候拥有宽容品质，成为一个宽容的人；在和儿童交往的时候如何增强自己的宽容教育敏感性，及时捕捉儿童的宽容体验并适时把握宽容教育时机；如何给予儿童能够直接引发他价值触动的宽容教育；如何让儿童已有的宽容体验成为下一次宽容品质成长的意识前提；等等。通过对儿童的宽容体验进行本然描述和深入分析，可以引发教育者的思考，增强教育者的宽容教育敏感性和宽容教育机智。宽容作为一项理性化程度较高的社会性价值并不是人与生俱来的，而是在社会生活中逐渐习得的。前文的分析分别呈现出儿童宽容体验的不同形式，接下来，我们需要对儿童不同形式的宽容体验进行总结，并进一步探究它们彼此之间存在着的发生秩序。

第一节　儿童宽容体验的不同形式

我们可以从儿童的意识层面来寻找宽容能够产生的原初机制，那就是意识的意义建构机能。正是意识的意义建构机能使得儿童在实践中建立了对世界的理解，这个过程也是个体意识对世界意义的接纳和包容的过程。儿童的原初意识是充满无限可能性和开放性的，它毫不设防地向世界敞开，对它所遭遇的一切进行意义建构，同时将所建构的意义纳入自己的意识流。最开始在儿童的意识中没有物我区分，他以赤子之心拥抱这个世界，接纳这个世界。从对父母家人的接纳，到对自己所在的家庭环境的接纳，再到对家门外的环境的接纳，总之就是对出现在他面前的世界的接纳。这是宽容的最原初形态，我们称之为宽容的萌芽，即儿童自主的，或者在父母的帮助下伴随着适意或不适意的感官感受，将自己所处世界中的人和事物纳入自己的意识的过程。这涉及儿童如何在世界中存在的问题，因此我们也将其称之为存在论意义上的宽容。存在论意义上的宽容伴随儿童实践的始终，是日后伦理学意义的宽容得以出现的前提和基础，它的重要性不言而喻。儿童最初的成长环境不是自己能够决定的，而是取决于成年人为他们提供了什么，所以父母要给予儿童更多、更合适的机会与世界交往；要给予儿童安全感和适度的依赖，让他们能够积极主动地探究未知世界；要关注儿童的情绪变化，但避免过度保护；要对儿童有足够的耐心，尊重儿童自己和世界交往的步调和节奏。

随着儿童的成长，儿童慢慢地发现不论做什么事情，身体作为一个整体总是相伴随。梅洛-庞蒂把身体作为统一体在世界中存在的状态称为身体图式。儿童逐渐意识到身体图式的存在。儿童除了发现身体总是伴随着自己以外，还发现有很多物品也经常伴随着自己，如自己的衣服、食物、玩具，当然还有人，如爸爸妈妈。正是在这种发现的过程中，儿童开始建立对于"自我"的意识，简称为"自我意识"。自我意识不仅是对自己身体图式的意识，还包括对于延伸了的身体图式的意识，即不仅认为身体是我的，还认为经常伴随着我的身体的物品和人也是我的。与此同时，儿童通过被动地听和主动地模仿逐渐习得了自我指代语词，如"名字""我"，"名字的""我的"。他发现在自己的身体前面、自己所拥有的物品和人前面都可以加上这些自我指代语词，自我指代语词的习得也促成了儿童自我意识的建立。从儿童出生以来，儿童的身体、儿童的相关物品还有爸爸妈妈都一直伴随着儿童，儿童逐渐地适应了自己的身体图式及其延伸，对他们的伴随形成了习惯。在习惯受到挑战之前，儿童只是自然而然地生活，换言之，虽然儿童建立了自我意识，但自我意识尚未觉醒。只有当习惯受挫时，儿童体验到自己身体图式的完整性受到威胁，儿童的自我意识才觉醒。随着自我意识的觉醒，儿童通常会采取行动来维持自己身体图式的完整性，不宽容也就随之产生。在儿童成长过程中，自我意识的产生和觉醒实际上是儿童成长的标志，意味着儿童开始有意识地将自己和他人区别开来，意味着儿童独立性的增强。自我意识觉醒后，儿童对于侵犯其身体图式完整性的行为进行制止所表现出来的不宽容实际上是自我意识的表达，同时也是自我意识的强化。面对儿童所表现出来的不宽容，教育者不能将其一概看作坏的事情，而是首先需要肯定它的合法性。其实一些被儿童认为会破坏自己身体图式完整性的行为并不会真正地破坏儿童身体图式的完整性，教育者要引导儿童认识到这一点，进而教会儿童宽容。除此之外，教育者还需要肯定和鼓励儿童的宽容行为来给予儿童宽容的能量。这里的宽容已经涉及人与人之间的道德和伦理关系，属于伦理学意义上的宽容。

随着儿童的成长，他在日常生活中会接触到"宽容"这个语词，他也会根据自己的经历形成对这个概念的理解，儿童会把某些体验纳入宽容体验的范围，同时也会认为某些体验不属于宽容体验。所以儿童对宽容概念的理解对于儿童宽容品质的形成具有重要的影响作用。在研究中我们发现为数不少的儿童对宽容的理解是模糊的，甚至是存在偏差的，如很多儿童将宽容理解为原谅，还有一些儿童将宽容理解为容忍，这些对宽容的理解都是存在偏差的。根据词源分析和日常情境分析我们可以看出宽容和原谅并不完全相同，原谅是一方对另一方造成了伤害，受到伤害的一方了解伤害产生的原因或者了解对方的悔过之意后，不再计较受到的伤害，和对方的关系恢复到伤害产生之前的状态。宽容是主体意识到差异的存在，对差异持一种接纳的态度，积极地和差异共存。宽容和原谅的不同主要体现在

"差异"和"伤害"的不同上，造成伤害则一定意味着双方之间存在差异，但是存在差异并不一定意味着会造成伤害。我们可以说原谅是宽容的一种形式，所有的原谅都是宽容，但宽容不仅仅是原谅。原谅总是以有直接的伤害发生为前提，所以它所能涉及的往往是和自己有直接交往关系的人，范围较小；宽容的范畴要比原谅大很多，只要是那些和自己有差异的存在都可以成为宽容的对象。宽容也不等于容忍，容忍往往是被动的，而宽容是主动的；容忍的过程往往伴随着怨恨和愤怒的积累，而宽容往往是真诚无怨的；容忍往往是一种对恶的忍耐，而宽容则是一种对善的促成。宽容教育要教儿童学会真正的宽容，这就需要在儿童尚不能理解"宽容"概念的时候就引导儿童做宽容的事，引导儿童做真正宽容的事情有利于儿童宽容品质的形成，也会避免儿童对"宽容"概念的理解产生偏差；当儿童可以对"宽容"概念形成理解的时候，教育者要对儿童的理解保持敏感，在鼓励恰当的理解的同时也要通过案例分析、故事品评等方式来帮助儿童扭转对"宽容"的理解偏差。

在儿童的日常生活中我们可以看到"情不自禁的宽容"，这种宽容往往是由爱和同情这更为原初的价值意识引发的。舍勒认为爱是原行为，爱在本原上朝向价值对象，爱就是让被爱者所承载的价值如自己所是的那样、如自己所能是的那样存在。所以对于被爱者的言行以及存在方式不做强行的干预和改变，只是倾心所愿地期待着、欣赏着被爱者所能承载的更高的价值。这种由爱而引发的倾心所愿、满怀期待的不干涉就是宽容。根据舍勒和斯密对同情的理解，同情是一个人感觉到另一个人的某种情感，并理解使得这个人产生这种情感的境况，从内心深处产生和这个人同样性质的情感的过程。由同情引发的宽容可以分为两种情况，一种是如果我是你，我会和你有同样的情感，在这种情感之下我会做和你同样的事情，所以对于你做的事情，我可以宽容。还有另一种情况，同样是如果我是你，我会和你有同样的情感，我会希望别人如何回应我的情感？如果我希望获得积极的回应则意味着此时我也应该给予别人积极的回应，那就是宽容。根据所爱价值承载对象的不同，爱可以分为本能的爱和传习的爱，前者是儿童自然就能产生的，后者需要通过受教育才能产生。根据同情对象的不同，同情可以分为个体同情和超越的同情，前者也是儿童自然就能产生的，后者也需要通过受教育才能产生。教育者可以在激发儿童本能的爱和个体同情的基础上培养儿童对生活中可以直接接触和体验的个体的宽容；可以在对儿童进行传习的爱和超越的同情教育的基础上培养儿童更具超越性的宽容意识。爱和同情是有界限的，由爱和同情引发的宽容也是有界限的。在宽容教育中要认清这些界限，避免走向纵容。

除了"情不自禁的宽容"以外，在儿童的日常生活中我们还可以看到"瞻前顾后的宽容"，这种宽容体验基于儿童的利益权衡。在某些情境中当儿童的想法、权利、利益受到他人的阻止、侵犯、破坏时，虽然心怀不满，但经过利益权衡，为了保全更重要的利益而克制自己的消极情绪，不对他人的行为进行计较，这种宽容实际上是基于利己功利的宽容。在这种宽容体验中，保全自己更重要的利益是目的，宽容只是达到这个目的的手段。从功利主义的视角来看，儿童这种宽容主观上是为了实现自己的利益最大化，客观上也实现了他人和共同体的利益最大化。这种宽容即使不能说是值得称赞的，那至少也不能说是错的，因为它确实"无害一人"地增加了利益总量。面对儿童这种基于利己功利的宽容体验，教育者需要反思儿童这种宽容体验的产生原因，儿童天生的自我中心取向、家长的功利作风以及整个社会上所广泛存在的利己功利及其泛滥都使得儿童将利己功利作为自己思维和行事的逻辑，所以难免产生基于利己功利的宽容体验。基于利己功利的宽容是狭隘的、不稳定的。对于儿童这种宽容体验，教育要引导儿童超越基于利己功利的宽容的局限性，要帮助儿童在内心建立起对他人利益和共同体利益的深切关怀，实现从基于利己功利的宽容向基于共同体功利的宽容的转变。除此之外教育还要引导儿童实现从作为手段的宽容到作为目的的宽容的转变，使宽容从一种不稳定的手段，转变为儿童实现人格成长所追求的价值目标。

在研究中我们还发现有些儿童的宽容体验表现出宽容与自由平等信念之间的密切关系。这里所说的自由信念不是对自己自由的彰显和追求，而是对别人的自由的承认和维护，即儿童相信每个人都享有自由，应该承认和维护别人的自由。即使别人的某些行为引发了我消极的情绪体验，只要这些行为没有超出自由的范围，那么我就不能干涉。在不干涉的基础上，我如果能够化解我的消极情绪，转向对别人的自由的接纳，积极地和别人的自由共存，这就是宽容。这里所说的平等信念也是指儿童对于别人与自己平等的承认和维护，即知道自己并不比别人优越，并不拥有某种特权，自己和别人是平等的。在此基础上意识到自己可以做的事情，别人同样可以做，没有任何理由不允许别人做同样的事情，从而化解自己的消极情绪，接纳别人的言行，这就是宽容。虽然自由和平等是人类两大基本的价值本性，但是人并不是天生就意识到自由平等的，形成自由和平等信念需要启蒙。由于人类生存境遇的复杂和艰难，长久以来自由和平等的价值持续遭受损毁，所以这两项价值又成为千百年来人类不懈追求的价值目标。既然儿童的自由和平等信念可以引发宽容，那宽容教育就可以以自由和平等教育为基础来培养儿童的宽容品质。自由和平等植根于人的本性，教育者可以在儿童日常的人际交往过程中唤醒儿童自然本性中的自由平等信念，让儿童意识到和自己相处的他人是自由平等的，在此基础上引导儿童在私人领域对与自己交往的其他个体保持宽容。自由和平等也是受法律保护的公民权利，法律是神圣不可侵犯的，教育者需要引导儿童认识到受法律保护的公民的自由和平等权利，在此基础上引导儿童在公共领域对没有超出法律规定的自由和平等范围界限的其他公民和公共事务保持宽容。在研究过程中我们发现儿童基于自由和平等信念的宽容体验并不多，基于对法律所赋予的自由和平等权利的维护的宽容体验更少，但这并不能说明这种宽容体验不重要。恰恰相反，对于终将会拥有选举权和被选举权参与公共事务的儿童来说，基于自由和平等信念的宽容是重要的。儿童这种宽容体验的缺乏正表明这是需要引起宽容教育重视的环节。在法治社会中的宽容教育不仅要培养宽容的人，同样重要的是培养宽容的公民。

第二节　儿童宽容体验的发生秩序

舍勒在他的价值现象学中表明价值是有先验秩序的，从低到高依次为感性价值、有用性价值、生命价值、精神价值和神圣价值。本项研究原本也想探究儿童对宽容的体验是否也存在某种内在于宽容这种价值之中的秩序，如在儿童成长的不同阶段儿童有着不同的宽容体验，这些不同的宽容体验呈现出某种发生秩序。但在对儿童宽容体验的描述和分析过程中，这种与年龄直接相关的秩序并没有直接地、鲜明地显现出来。这可能是因为在收集原始资料的过程中没有对同一个儿童不同年龄阶段的宽容体验给予连续的关注，也可能是因为没有就某一个具体的宽容情境来对不同年龄阶段的儿童进行访谈。这是本项研究需要继续关注的方面。

虽然宽容的原初形态、由爱和同情引发的宽容、基于利己功利的宽容和基于自由和平等信念的宽容这四种宽容体验形式之间并没有鲜明地呈现出某种和年龄直接相关的内在于宽容这种价值之中的秩序，但这四种体验却呈现出了儿童"自我"与"他者"四种不同的交往关系。从"自我"和"他者"的关系这个维度我们可以找到存在于这四种宽容体验之间的秩序。

原初形态的宽容也就是存在论意义上的宽容指的是儿童的原初意识对世界进行意义建构，将世界意义纳入自己意识流的过程。在这个过程中儿童并不知道"我"和"世界"，"我"和"他人"的区分，没有意识到差异性的存在。这个时候的儿童尚没有形成"自我意识"，自然也就没有对"他者"的意识，"儿童"和"世界"处在一种天然的和谐统一之中，这也就是最原初最朴素的天人合一状态。随着儿童和世界的交往，他的自我意识逐渐形成，并在身体图式完整性受到侵犯的时候觉醒。儿童在自我意识觉醒之后，才有了对"自我"和"世界"，"自我"和"他者"的区分，才意识到"自我"和"他者"的差异性。就像前文所说，儿童自我意识的觉醒是从存在论意义上的宽容发展出伦理学意义上的宽容的必要前提。

其他三种形式的宽容都是伦理学意义上的宽容。在儿童基于爱和同情的宽容体验中，我们可以看到虽然儿童已经有了对"自我"和"他者"差异性的区分，但是爱和同情的过程实际上是将"他者"融入"自我"的过程。也就是说在爱和同情中，"他者"消失了，单纯的"自我"也消失了，两者融合在一起成为"扩展了的自我"。基于爱和同情的宽容，实际上就是对"扩展了的自我"的完整性的维护。这种宽容虽然实现了宽容者和被宽容者的统一，但这种统一并不存在于"自我"和"他者"之间，而是存在于"扩展了的自我"内部。儿童基于个人利益权衡的宽容也是以意识到"自我"和"他者"的差异为前提的，但是在儿童对个人利益进行权衡的过程中，"他者"是作为外围背景存在的，儿童所关注的仅仅是自我利益的最大化。虽然这种宽容也实现了宽容者和被宽容者的统一，但这种统一是一种表面化的外在统一，儿童所追求的只是实现更好的"自我"。同样，儿童基于自由和平等信念的宽容也是以意识到"自我"和"他者"的差异性为前提。但是和前面两种宽容体验不同的是，在这种宽容体验中，"他者"既没有消失，也没有被边缘化，而是获得了和"自我"相同的地位。这种宽容以实现更好的"他者"为起点，以建构更好的"主体间"关系为终点，实现了"自我"与"他者"真正的统一。

　　虽然儿童的宽容体验并没有明显地呈现出某种和年龄直接相关的内在于宽容这项价值之中的秩序。但是通过以上的分析，我们可以看出从"自我"和"他者"的关系这个维度来看，这四种儿童的宽容体验之间确实存在某种秩序，虽然这种秩序不见得呈现出从低到高的线性特征。存在论意义上的宽容伴随儿童实践的始终，只要意识的意义建构机能存在，存在论意义上的宽容每时每刻都在发生。在从存在论意义上的宽容发展出伦理学意义上的宽容的过程中，儿童自我意识的形成和觉醒是必不可少的前提。只有儿童对"自我"有了主动的认识，才能区分"自我"和"世界"，才能区分"自我"和"他人"，伦理学意义上涉及人与人之间关系的宽容才能产生。正如第二章所讨论的儿童自我意识的觉醒往往是以"不宽容"作为标志的。存在论意义上的宽容所实现的是"儿童"和"世界"原初朴素的天然统一；基于爱和同情的宽容所实现的是"自我"和"他者"在"扩展了的自我"之中的统一；基于个人利益权衡的宽容所实现的是"自我"和"他者"表面化的外在统一；基于自由和平等信念的宽容所实现的是"自我"和"他者"真正意义上的统一。现在我们虽然不能确定第二种和第三种宽容体验哪种更为高级，但可以确定的是从"自我"和"他者"这个维度来看，这四种宽容体验之间存在如下秩序：存在论意义上的宽容是奠基性的宽容，伦理学意义上的宽容是对存在论意义上的宽容的发展，后者比前者更为高级。在三种伦理学意义上的宽容内部，基于自由和平等信念的宽容比基于爱和自由的宽容以及基于个人利益权衡的宽容更为高级，因为它实现了真正意义上的"自我"和"他者"的统一。只有这种宽容体验才从更高的层次上完整复现了存在论意义上的宽容，实现了伦理学意义上的宽容的返璞归真。这也提示我们在进行宽容教育的过程中要关注儿童"自我"和"他者"的关系，首先帮助儿童建立丰富的存在论意义上的宽容，在此基础上对儿童基于爱和同情的宽容以及基于个人利益权衡的宽容进行适宜的指导，并帮助儿童形成基于自由和平等信念的宽容，实现"自我"和"他者"的真正统一。

　　除此之外在每一种形式的伦理学意义上的宽容内部，高低秩序和奠基顺序还是可以找到的。在由爱和同情引发的宽容中，由本能的爱和个体同情引发的宽容是低层级的宽容，由传习的爱和超越的同情引发的宽容是高层级的宽容，高层级的宽容奠基于低层级的宽容；如在由利益权衡引发的宽容中，由利己功利引发的宽容是低层级的宽容，由共同体功利引发的宽容是高层级的宽容，高层级的宽容奠基于低层级的宽容；如在由自由和平等信念引发的宽容中，由私人领域中的自由和平等信念引发的宽容是低层级的宽容，由公共领域的自由和平等信念引发的宽容是高层级的宽容，高层级的宽容奠基于低层级的宽容。由此可见，宽容教育需要遵循一个秩序，那就是无论何种形式的宽容都需要首先培养儿童基础层级的宽容，进而培养儿童较高层级的宽容。

在儿童的宽容体验中显现出来的宽容引发机制表明宽容本身并不是人类的一项基础价值，它不是单纯由人的某一项价值活动就可以直接建构产生的，而往往需要经历一个以其他的价值活动为基础的复合性价值活动才能产生。如它需要在爱和同情这两种价值活动的基础上进行进一步的价值联想，需要在利益权衡这种价值活动的基础上进行进一步的价值选择，需要在对自由和平等这两种价值认同的基础上进行进一步的价值维护。虽然对于那些已经形成了宽容品质的儿童来说，在某个情境下表面上看他们可以"直接"地宽容，但是如果要细致地分析他们的宽容体验，就像慢镜头那样回放的话，我们还是可以发现复合性的价值活动过程。这为宽容教育提供了两点启发，首先儿童宽容品质的形成需要意识前提，宽容教育需要循序渐进地为儿童提供这些意识前提，这就要求教育者要明确地知道儿童宽容品质的形成需要哪些意识前提，以及如何在日常的生活和教育中帮助儿童拥有这些意识前提。为儿童提供更多更合适的和世界交往、了解世界的多样性的机会，帮助儿童克服身体图式完整性遭受威胁的不安和恐惧，激发儿童的爱心和同情心，帮助儿童建立对于共同体利益的深切关注，培养儿童的自由和平等的信念等都是教育者在对儿童进行宽容教育的过程中需要帮助儿童拥有的意识前提。其次宽容教育的目的是尽可能地缩短这些意识前提发挥作用的时间，即在多数情境中意识前提的作用可以在瞬间完成，儿童可以尽可能地直接宽容。只有在遇到特别复杂的情境时，儿童才需要经过逐步的分析做出宽容选择。这也说明宽容教育不是一蹴而就的，需要教育者进行整体筹划和系统施行，只有在一次又一次让儿童产生宽容体验的过程中，才能让宽容成为儿童稳定的价值品质，才能帮助儿童成长为一个宽容的人。

第八章
基于舍勒价值伦理学反思当前宽容教育

　　宽容是一项复杂的社会性价值，培养儿童的宽容品质是家庭、学校和社会共同的责任。而在这三者之中，学校作为专门的教育机构，教师作为专业的教育者应发挥主导作用。正如前文所分析的，在每一类宽容体验中，都会存在低层级的宽容和高层级的宽容。低层级的宽容教育可以在家庭教育中实现，但高层级的宽容教育则需要在学校教育这种公共的氛围中由具有价值教育敏感性的专业教师来实施。专业教师开展宽容教育需要拥有理论依据。舍勒的价值伦理学可以为教师提供有益启示。

　　理性与情感是西方伦理学建基问题上具有张力关系的两极，其中隐含一系列对应和对立关系。对应关系包括理性与先天的对应、情感与后天的对应以及理性与形式的对应、情感和质料的对应。对立关系包括理性与情感的对立、先天与后天的对立以及形式和质料的对立。面对这一系列对应和对立关系，舍勒试图寻找一条既不同于一般质料伦理学，如亚里士多德善业伦理学，也不同于形式伦理学，如康德伦理学的道路。他提出了一个根本性的问题：究竟有没有一门质料的伦理学，它仍然还是"先天的"？并给出了具有革新意义的回答：有。舍勒以情感先天为基础，建构了一门质料先天伦理学。舍勒质料先天伦理学中的质料指的是"价值"。他认为情感具有先天的意向感受力，人们通过情感感受把握先天的价值以及价值的客观层级秩序，并呈现为每个人"爱的秩序"。[①] 舍勒作为价值伦理学的倡导者在批判继承前人（尤其是康德）观点的基础上，提出自己对价值应然和价值能然问题的见解。他不认同康德"因为应然，所以能然"的义务论逻辑，因为这个逻辑无法解释现实中确实存在的应然和能然之间的距离和冲突。舍勒指出人对价值应然的体验和对价值能然的体验是互补的，它们同样原初的奠基于价值直观之中，所以只有兼顾价值应然和价值能然才能获得和谐一致的完整的价值体验。舍勒尤其强调作为人格价值观念应然的"榜样"在本己人格生成中的重要作用。他认为人格生成有两种可能的时机，一是本己人格的自身价值感受，二是在爱中对榜样人格性（陌己人格）的追随。[②] 这两种可能的时机，在现象学意义上同样原本、同样有效。舍勒的上述观点有助于我们思考当前宽容教育中存在的问题，进而寻找切实可行的解决对策。

---

① 张祥龙：《舍勒伦理学与儒家的关系——价值感受、爱的秩序和共同体》，载《世界哲学》，2018(3)。
② 张任之：《质料先天与人格生成——对舍勒现象学的质料价值伦理学的重构》，460 页，北京，商务印书馆，2014。

第一节　舍勒价值伦理学中的"价值应然"和"价值能然"

在《伦理学中的形式主义与质料的价值伦理学》第二部分第四篇中，舍勒专门讨论了"应然""能然与应然"的问题。我们可以把舍勒对此问题的探索归纳为以下四个方面。

一、区分"观念应然"和"规范应然"

舍勒在"应然"内部，区分了"观念应然"和"规范应然"。"观念应然"建基于客观的价值明察之上：所有具有肯定价值的东西都应当存在，所有具有否定价值的东西都不应当存在。①"规范应然"直接的基础是"观念应然"，"当一个观念应然的内容同时通过一个追求而在其可能的实现方面被体验到时，这个观念应然便成为要求"。②舍勒认为，"一个这样的要求体验因而不是这个观念应然，而是它的一个结果。这个要求会以某种方式得到强调，无论是通过自知承担义务的内心指令，还是通过像'命令'和'忠告'，或'劝告'或'推荐'的外部指令"③。舍勒对仅仅强调"规范应然"是持批判态度的，因为无论是对作为内心指令的还是对作为外部指令的"规范应然"的强调，着眼点最终都落在"你应当做什么"，它并不直接追问和回答"什么是好的""什么是善的"，这样一来，往往造成对它的直接基础"观念

————————

① ［德］马克斯·舍勒：《伦理学中的形式主义与质料的价值伦理学：为一门伦理学人格主义奠基的新尝试》，倪梁康译，249 页，北京，生活·读书·新知三联书店，2004。

② 同上书，255 页。

③ 同上书，246 页。

应然"的遮蔽，进而丧失"客观价值"这个源泉。

二、观念应然直接奠基于价值

如果说舍勒因"规范应然"不够本原而对其持批判态度，那么舍勒对建基于客观价值明察之上的"观念应然"是颇为推崇的。因为在舍勒看来，"观念应然"直接奠基于价值之上。要理解舍勒的"观念应然"奠基于价值的观点，首先需要明确舍勒如何看待"价值"和"观念应然"。在舍勒看来，价值是感受意向行为的对象，它是一种绝对被给予的质性。价值虽然在感受行为中显现出来，但它本身并不依赖于感受行为，它是一种独立的先天质性。价值在涉及实存和非实存时原则上是中性的。[①] 而"观念应然"则必然不是中性的，因为它必然涉及价值的存在和非存在，即肯定的价值应该存在，否定的价值不应该存在。所以"观念应然"是奠基于实存—非实存中性的价值之上的，是对肯定价值的欲求，对否定价值的排斥。值得注意的是，"观念应然"所欲求之价值一定是尚不存在的肯定价值；"观念应然"所排斥之价值一定是已经存在的否定价值。所以"应然存在"或"应然不存在"这样的表达实际上是无意义的，有意义表达是适用于肯定价值的存在应然，和适用于否定价值的不存在应然。

舍勒在讨论"伦理之起源法则"时，进一步指明了观念应然（不应然）对于人格生成的意义。他将"由作为要求而从一个人

---

① ［德］马克斯·舍勒：《伦理学中的形式主义与质料的价值伦理学：为一门伦理学人格主义奠基的新尝试》，倪梁康译，250 页，北京，生活·读书·新知三联书店，2004。

格的被观看到的人格价值出发的观念应然"称为"榜样或理想"①
(与"榜样或理想"相对的就是"反像",也就是"由作为要求而从
一个人格的被观看到的人格价值出发的观念不应然")。舍勒认
为一个作为榜样人格的观念应然具有召唤其他人格追随的吸引
力,也正是在对这种榜样人格的追随中,其他人格怀着一种对
榜样人格的献身态度实现自身的志向改变,从而无限接近榜样
人格的存在。

三、能然直接奠基于价值

在舍勒看来,"能然是指对那些在价值质性上得到最终区
分的观念应然领域之实现的能力"②。从这个定义中,我们可以
看到能然之中实际上已经包含了"正当"的含义,因为它是对
"观念应然领域之实现的能力",但是这并不意味着能然奠基于
观念应然之上,观念应然领域实际上就是肯定价值。换言之,
舍勒所理解的能然就是"对肯定价值之实现的能力",所以能然
也是直接奠基于价值之上的。这和我们通常的理解是不同的,
一般意义上包括心理学对能然的理解往往侧重于"因为以前做
过,所以现在和未来我能做",舍勒认为这种将能然意识看作
对以往行为的再造的做法使人"患有一种病态的迟疑",造成了
"直接的能然体验的缺失"③。在舍勒那里"'能够做'也是一个价

① [德]马克斯·舍勒:《伦理学中的形式主义与质料的价值伦理学为:一门伦理学
人格主义奠基的新尝试》,倪梁康译,698页,北京,生活·读书·新知三联书店,2004。
② 同上书,32页。
③ 同上书,283页。

值的独立载体和价值意识(与'自身意识')诸形式的对象，它完全不依赖于(对同一内容)实际做的价值；而它的价值是一个比做(以及它的某种'禀性')的价值更高的价值"，"它并不延展到力量上，而是延展到做的价值上"①。或者我们可以将舍勒的能然理解成"一种直接的对肯定价值能够实现的意识"或者是"一种直接的对肯定价值能够实现的体验"。当我们拥有一种直接的对肯定价值能够实现的意识和体验时，即使这是一个对个体来说全新的价值或者是这个价值还没有实现，我们在拥有这种意识和体验的同时已经相伴随的拥有了"一种在这个做的能然上的快乐"，我们直接地体验到一种"'我能做这个和那个'的意识"②，甚至有些时候"恰恰因为我们意识到，随时都能够做此事，所以我们才不去实现它"，舍勒对此的解释是"'能然'的满足是一个比对在所能之物的杂多实现上的喜悦更深层、更高贵的满足"③，这也体现出能然的原初性和独立性。

四、应然和能然同样原初

对于应然和能然的关系，舍勒明确指出"对观念应然的体验与能然是同样原初地并互补依赖地建基于最终的直观之中，因而无论如何都不可能以某种方式把一个回溯到另一个之上"④。如果观念应然和能然具有同等的原初性，那么规范应然

①　[德]马克斯·舍勒：《伦理学中的形式主义与质料的价值伦理学为：一门伦理学人格主义奠基的新尝试》，倪梁康译，157页脚注12，北京，生活·读书·新知三联书店，2004。

②③　同上书，282页。

④　同上书，287页。

和能然之间存在怎样的关系呢？舍勒认为之前的伦理学中围绕应然和能然所展开的讨论实际上是围绕规范应然和能然的讨论，讨论的结果或者是把规范应然奠基于能然之上，或者是把能然奠基于规范应然之上，舍勒对这两种观点都进行了批判。由于规范应然是以观念应然为基础的，而观念应然和能然具有同等的原初性，所以"以观念应然的体验为前提的'义务'意识因而也就无法被回溯到对一个更高的能然的觉知上去，正如能然不能被看作从一个唯一直接被给予的义务意识中单纯假设性地被推导出来的东西一样"①，简而言之，以观念应然为基础的规范应然和能然之间也不存在谁奠基于谁的关系。

第二节　舍勒价值伦理学中的"榜样追随"

舍勒通过现象学的本质直观将榜样归于人格，阐明榜样是人格价值的观念应然并认为榜样追随是人格生成的重要时机。舍勒对榜样、榜样追随的论述可以为我们思考宽容教育提供有益启示。

一、舍勒对"榜样"的本质直观

（一）榜样是一种陌己人格

舍勒基于现象学—存在论立场将榜样理解为一种陌己人

---

① ［德］马克斯·舍勒：《伦理学中的形式主义与质料的价值伦理学：一门伦理学人格主义奠基的新尝试》，倪梁康译，287 页，北京，生活·读书·新知三联书店，2004。

格。把握舍勒的人格内涵是理解其榜样概念的必要前提。"人格"最早在斯多亚学派的古典道德哲学中获得哲学含义。中世纪哲学通过"实在论"与"实存论"的争论对其进行了存在论意义上的探索。近代经验论和唯理论从认识论维度借助"意识"概念来界定人格。康德对传统人格理论进行综合，批判经验性的心理学人格，确立了先验人格和道德人格的理解路向，却无法有效解释作为逻辑主体人格和作为道德主体的人格如何统一的问题。舍勒立足现象学立场批判康德的先验统觉自我及其人格理性主义，呈现出对人格的现象学——存在论本质直观。

　　舍勒对人格的本质直观首先排除实存者及实在属性，显现出正在进行的诸行为。在追溯尚未分异的诸行为之"进行者"的过程中，舍勒发现"自我"仅仅对应内感知行为，并不能对应所有行为，由此拒绝"自我"，将"人格"确立为尚未分异的诸行为之"进行者"。舍勒明确指出人格不可对象化，"人格只是实存和生活在意向行为的进行中，这属于人格的本质。因而它本质上不是'对象'"①。人格具有非现成性，它既为诸行为奠基，又在诸行为的进行中动态生成。人格具有统一性，它不单纯是感性的或理性的，而是作为一切行为尚未分异的统一而存在。不同行为者对应不同人格，个体行为者对应个体人格，集体行为者对应总体人格。个体行为者中，"我"对应本己人格，"非我"对应陌己人格。榜样不是一个实在的人，而是一个"非我"的尚

　　①②　［德］马克斯·舍勒：《伦理学中的形式主义与质料的价值伦理学：一门伦理学人格主义奠基的新尝试》，倪梁康译，477 页，北京，生活·读书·新知三联书店，2004。

未分异的诸行为"进行者",是一个陌己人格。

(二)榜样是人格价值的观念应然

通过现象学还原,经验性的"人"这一层实在设定被悬置,榜样归于人格。接下来,舍勒在本质直观中呈现使得榜样区别于其他陌己人格的内涵。"榜样就其内涵而言是在人格统一之统一形式中的一个有结构的价值状况、一个在人格形式中的有结构的如此价值性,但就内涵的榜样性而言则是一个奠基于这个内涵之上的应然存在要求的统一。"②舍勒的表述表明,首先,榜样奠基于价值之上,反映的是一个有结构的价值状况,价值状况是榜样的基底;其次,榜样表现为一个统一的人格形式,这个人格形式承载"一个有结构的价值状况";再次,榜样彰显着一种"应然存在要求",是一个人格价值的"应然存在要求";最后,人格价值状况有高低善恶之别,与价值状况的"应然存在要求"相对立的是价值状况的"应然不存在要求"。舍勒用"反像"来指称与榜样相对立的陌己人格。

(三)榜样为范本奠基

虽然舍勒通过现象学还原将榜样归于人格,认为其是人格价值的观念应然,但不可否认的是,榜样确实与具体的人有着难以分割的密切联系。舍勒通过引入"范本"概念,厘清两者的关系。在舍勒看来,"榜样一词所指的根本不是这个有皮肤有毛发的实际的人"①，实际的人只是一个"范本"。"榜样本身在那个被意指的、作为范本起作用的人身上或多或少相即地被直观到——但它并不是从它的经验偶然的属性状态中被提取出来、被抽象出来，或作为它身上的实在部分或抽象部分被发现。"②简言之，榜样是一种价值人格形式，而范本是或多或少体现这种人格形式的具体的人。我们不是从范本身上提取或发现榜样，榜样不是奠基于范本之上。相反，范本奠基于榜样，是先有了榜样意识才可能发现哪个具体的人体现着榜样人格。由此可以得出这样的推论：榜样是具有恒久性的，而范本具有偶然性。如果某个被认为是范本的人不再体现榜样人格了，那么他就不再是范本，但是这个范本迷失的过程丝毫不会影响榜样的恒久性。

至此可以这样概括舍勒对榜样本质特征的现象学规定：榜样是一种体现价值状况应然存在要求的统一的价值人格形式。舍勒意义上的榜样并不是一个具体的经验性的人，而是一种陌己人格形式。范本是体现榜样人格的具体的人，榜样为范本奠基。

二、促成"榜样追随"是榜样教育的原发机制

榜样教育发挥作用的原发机制是促成榜样追随。榜样追随是指学习者和榜样之间是一种追随与被追随的关系。这种关系建立在价值基础上，而且这个价值指的是人格价值。"最高的

---

　　①②　［德］马克斯·舍勒：《伦理学中的形式主义与质料的价值伦理学：一门伦理学人格主义奠基的新尝试》，倪梁康译，568页，北京，生活·读书·新知三联书店，2004。

价值不是一个物事价值，不是一个状态价值，不是一个法则价值，而是人格价值。"①对于一个人来说，最高价值不是占有好的事物，不是处在好的状态，不是遵守一个好的法则，而是拥有好的人格。一个人格因承载一种价值应然存在状况的统一，而成为榜样。另一个人格在爱的本质直观中被这种价值状况所吸引而向往追随。这样的追随因爱而生，原发自然，无丝毫刻意，无丝毫强制，就像一个婴孩时刻追随着母亲，如果追随被禁止反而使其身心不安、不知所措。

（一）"爱"是榜样追随的原发动力

舍勒非常强调"爱"在榜样追随中的作用。是什么使得一个人格对一个榜样的追随成为可能？是"爱"。当然这个爱不是日常意义上的一种情感，而是舍勒所理解的爱是作为激发认识和意愿的催醒女，是精神和理性之母，是先于认识的原行为。"人格与它的榜样的人格性内涵所具有的被体验到的关系，就是建基于在对这个内涵的爱之中的追随"②，如果没有爱，一个人格就无法明察到榜样所承载的价值，更不会追随。在这个意义上，我们将爱理解为榜样追随的原发动力。需说明的是，这里的原发不仅表示时间上的开始，而且还表示一经发生源源不绝、伴随始终。

爱犹如黑夜中的火炬，同时映照出了本己人格和作为陌己

---

① ［德］马克斯·舍勒：《伦理学中的形式主义与质料的价值伦理学：一门伦理学人格主义奠基的新尝试》，倪梁康译，558页，北京，生活·读书·新知三联书店，2004。
② 同上书，560页。

人格的榜样，并一直照亮本己人格追随榜样的道路。"通过它，一个在者离开自己（但仍然是这个有限的在者），以便作为意向性之在者分有并参与另一在者之在，使二者不会以任何方式成为彼此分离的实在部分。"[①]在爱中，一个人格直观到了在另一陌生人格中的那独特的趋于完美的价值应然状况，倾心所愿地离开原来的自己，改变原来的自己，在不懈追随榜样的过程中，体验榜样之所在，亲历榜样之所是。

（二）"同思同构"是榜样追随的本真状态

一个人格爱上了一个榜样，开启了追随之旅。虽然通常情况下榜样人格确实在某个具体的人身上显现着，但一个人格爱上的是一个承载价值应然存在状态的人格，而不是一个具体的经验性的人。"榜样在它的含有爱意的范本上被直观到，它吸引并抵达，而我们则'跟从'，这个词的意思并不是指愿和做……而是在于一种对它的可被自律明察所达及的人格价值内涵的自由献身。"[②]"跟从"或者"追随"不是指"愿和做"，这表明追随不是模仿范本具体的意愿和行为，而是向榜样人格价值内涵的"自由献身"。

"原发的并不是对榜样的行为的相同进行（Gleichvollzug），甚至不是对榜样的行动和表达姿势的仿效。"[③]舍勒认为，榜样的最大价值不在于它的意愿和行为，而仅仅在于它的"可被直

---

① ［德］马克斯·舍勒：《爱的秩序》，孙周兴等译，104 页，北京，北京师范大学出版社，2014。

② 同上书，567 页。

③ 同上书，560 页。

观和可被爱的存在与如在"①。"可被直观和可被爱的存在与如在"在意愿、行为之先，为意愿、行为奠基。换言之，一个榜样被爱，不是因为它表现出来的意愿和行为，而是因为它更为原初的价值应然存在状态。在不同的境域中，同一的价值应然存在状态很有可能表现为不同甚或相反的意愿和行为。如果简单模仿外显的意愿、行为而没有体验到为之奠基的"存在与如在"，则无法真正实现榜样追随。当然这里不是说榜样追随坚决拒绝所有意愿、行为模仿，而是说外显的模仿不是最根本的。

榜样追随不是意愿、行为模仿，其本真状态是本己人格与榜样的"同思同构"。这涉及本己人格如何把握陌己人格的问题。上文提到人格在舍勒这里具有非现成性、非对象性特征，"因此，陌己人格就不会被以对象化的方式来把握，毋宁说，人格只能通过对它的'各个行为进行的一同进行或追复进行和在先进行'来把握之"②。人格，包括作为陌己人格的榜样永远处在动态奠基和动态生成之中。榜样追随是一个本己人格被一个榜样所吸引，爱上这个榜样，进入朝向榜样所承载的价值应然存在状况的动态生成之中，自主与榜样同思同构。因为在先奠基的同思同构，使得追随者在行为中表现出与榜样"一同进

---

① [德]马克斯·舍勒：《爱的秩序》，孙周兴等译，561 页，北京，北京师范大学出版社，2014。

② 张任之：《质料先天与人格生成——对舍勒现象学的质料价值伦理学的重构》，338 页，北京，商务印书馆，2014。

行""追复进行"或者"在先进行"，由此实现向榜样所承载价值内涵的"自由献身"。所谓"自由"是指，这种追随是自由自主的，是一个人格之倾心所愿，一经引发，不可遏制。所谓"献身"是指，本己人格无限逼近榜样人格所承载的价值内涵，直至本己人格建立起属于自己的体现这样内涵的价值秩序。

（三）"人格生成"是榜样追随的根本朝向

一个人格为什么要爱上一个榜样，为什么要追随一个榜样，这一切的根本朝向是"'我'要拥有更好的人格"。在舍勒看来，"更好的人格"所承载的价值应然存在状况，对于我们有先天的吸引力。舍勒意义上的人格具有"成年性"特征。这里的"成年"并非年龄划界，而是看是否能够克服"自身欺罔"。如果"一个孩子不再将父母的体验毫不自觉地当作自己的体验，而是完全原发地去理解他的周围世界的体验意向，原发地去'一同进行'这些意向，他就是'成年的'，他也就可以成为一个人格"[1]。虽然人格具有成年性特征，但并不影响榜样追随的根本朝向。对于一个尚未形成人格的个体来说，他在榜样追随的际遇中经历从人格萌芽到人格的生成过程；对于一个已经形成人格的个体来说，他在榜样追随的际遇中经历人格的不断完善。

---

[1]　张任之：《质料先天与人格生成——对舍勒现象学的质料价值伦理学的重构》，447页，北京，商务印书馆，2014。

第三节   目前我国学校宽容教育存在的问题

在熟悉舍勒价值伦理学之后，再去观察学校宽容教育，我们一方面可以看到老师对宽容教育的重视，同时也发现宽容教育中存在的问题。接下来呈现一节具有代表性的宽容教育教学实例，进而去分析存在的问题和解决路径。

一、学校宽容教育教学实例

呈现在大家面前的是一次八年级的示范班会课，班会的主题是"学会宽容"。这次班会分为四个环节：小品《纠纷》、宽容主题演讲、案例分析和家长寄语。上课伊始，班长以"人难免生气"作为导语引出了同学们自导自演的名为《纠纷》的小品，讲述的是两个在上班高峰期因踩脚而发生矛盾的上班族互不相让，推推搡搡进了"派出所"的故事。这个小品留给课堂一个问题："如何避免纠纷?"同学们一致认为"想要避免纠纷，就应该宽容"。接下来以"宽容"为主题的演讲拉开帷幕，三位同学分别作了以"开诚心，布大度""宽容，生活的明智选择""付出宽容，收获无穷"为题的演讲，演讲者以名人故事和名言告诉大家宽容的重要性，并且倡导大家"应该宽容"。第三个环节是案例分析，屏幕上呈现了一个大学生在和同学一起玩牌的时候遭到歧视和污蔑的案例。班长让同学们体会事件主人公此刻的心情，并回想自己有没有类似的心情。设想如果自己是这位大学生，在这样的情况下会怎么做呢？同学们给出了各种各样的回答，但最终可以落到一点上，那就是"应该宽容"。班长告诉大家这是一个真实的案例，由于不宽容，发生了不可挽回的悲剧。最后一个环节是观看两段来自家长的视频。在视频中两位家长表达了对于"宽容"的看法，也叮嘱孩子们彼此宽容相处。当同学们还沉浸在对家长的期望的思考当中时，小品《纠纷》中的两位从"派出所"出来了，为了一点小摩擦耗费了半天的工夫，两个人都感觉得不偿失，最终互相谅解化干戈为玉帛。

以上是这次班会的主要内容，这次班会内容丰富、形式多样，从中可以看出全班师生的精心准备。但是在精彩纷呈的背后存在一个问题，那就是所有环节都含有同一个关键词——"应该"。《纠纷》意在表明想要避免纠纷，我们应该宽容；主题演讲强调的是想要获得成功，我们应该宽容；案例分析体现的是想要避免惨剧，我们应该宽容；家长寄语环节表明的是家长教导我们应该宽容。作为一堂示范课，这次班会在很大程度上可以代表目前我国学校宽容教育乃至整个价值教育的现状，即强调价值应然。从某种意义上说，这种价值教育模式顺应了康德的逻辑："假如我们被要求应当做某事，我们就能够做某事。"①按照这个逻辑，只要强调应然，那么能然就一定会随之到来。西季威克（Henry Sedgewick）也赞成这种观点，他认为"在最狭窄的意义上，我们总是把我们判断为'应当的'行为看

---

① ［德］康德：《实践理性批判》，关文运译，40 页，北京，人民出版社，2003。

作任何做此判断者能够处于意志而做出的行为。我不可能认为，我'应当'去做某件我同时断定自己无力去做的事"①。但是在宽容教育实践中，虽然强调了应然，但是学生却很难像康德和西季威克所说的那样随之获得能然。学生在课堂上口口声声说"应该宽容"，但是当真正和同学发生冲突的时候，他们并不一定认为自己能够宽容。正是从这个意义上看单纯强调应然不能很好地让学生获得宽容价值，因为它丝毫没有考虑学生是否具有实现宽容的能力，即价值能然的问题。对于学生来说，即使体验到价值应然，但是却没有意识到自己具有实现这种价值的能力，或者即使意识到自己具有实现价值的能力，但是却不知道哪种价值应该被欲求，这两种情况下，学生都难以形成完整的价值体验，也无法实现某种价值，除此之外，从开篇的例子中我们可以看到"应该宽容"是作为某些功利原因的结果而被强调的，而不是从"宽容"这种价值本身出发来彰显它的应然，这样一来就偏离了原初价值从而阻断学生对价值本身的应然体验。偏离了原初价值的价值教育如何能够让学生拥有真正的价值呢？

二、基于舍勒价值伦理学审视宽容教育

根据舍勒价值伦理学，反思目前我国学校宽容教育现状，我们会发现当前强调"应然"的宽容教育存在着以下问题。

---

① [英]西季威克：《伦理学方法》，廖申白译，56页，北京，中国社会科学出版社，1993。

(一)"应然""能然"维度的问题

1. 虚假的观念应然和过度的规范应然

在前文中，我们已经看到舍勒认为观念应然奠基于价值之上，换言之，只有直接奠基于价值上的应然才是观念应然。如果不是直接奠基于价值之上，那么不论这个应然表面看起来多么像观念应然，它也只能是虚假的。以"学会宽容"一课为例，课堂所传递的"应该宽容"看起来是对"宽容"这一肯定价值的愿欲，但是如果我们分析一下课堂就会发现整节课不同环节对"应该宽容"的强调都不是从"宽容"这一价值本身出发的。小品《纠纷》所表达的是因为宽容是避免生气、解决纠纷的手段，所以应该宽容；主题演讲所强调的是因为宽容是成功、成名的必备品质，所以应该宽容；案例分析所表明的是因为不宽容会造成惨痛的后果，所以应该宽容；家长寄语所传递的是因为宽容是家长的希望，所以应该宽容。由此可以看出，课堂上所有的"应该宽容"都不是奠基于对"宽容"作为一个肯定价值应该存在这个明察之上，而是以功利为导向的理智的因果分析的结果。宽容或者为了解决纠纷，或者为了成功成名，或者为了避免惨重后果，或者为了取悦家长，在所有这些因果分析之中，宽容的功用被尽可能地列举出来，但是宽容本身却无处寻觅了。"应该宽容"，虽然表面上看具有了观念应然的形式，但实质上仅仅是一种虚假的观念应然，因为它遗失了价值这一原初的根基。

当"应该宽容"丢失了价值基础而成为虚假的观念应然的时候，去实现这个虚假的观念应然的规范应然就更谈不上和价值有什么关系了。在我们的学校中，在我们的价值教育中，存在着太多的仅仅强调"做"的规范应然，从儿童成为一个学生的那一刻开始，教师就"不厌其烦"地向学生传递着"无微不至"的规范，它们经常以这样的形式出现：作为一名学生，你们应该做到"热爱祖国""热爱集体""尊重教师""团结同学""遵守纪律""保持整洁""努力学习"……这些条分缕析的规范，其实是建立在对学生独立人格不信任的基础上的，认为如果没有这些规范，学生就不能正确地行为。在这些规范中，我们所感受到的仅仅是各种要求，以至于学生很难从中体验到"热爱""尊重""团结""努力"这些价值本身的感召力和吸引力。这些规范更多的是作为外在的律令而强加于学生的，学生履行或者不履行这些规范，不是一种内在的自由，更不是出于对这些价值的体验，而往往基于规范发行者是否具有足够的权威，或者履行这些规范是否会给自己带来利益。我们经常听到小学生说"李教师说了上课不能随便讲话，这是他的纪律"，"课间不能追跑打闹，这是班主任的纪律"；我们也经常会在中学生和大学生中看到那些曾经"热爱集体""尊重教师""团结同学"的好学生一旦评上了市三好或者入了党，可能就不再那么优秀了。这些现象的出现，归根到底，是因为这些和价值脱离关系的、仅仅强调"做"的过度的规范应然阻断了学生对价值的直接体验、限制了学生的内在自由，难以养成学生良好的价值素养。

2. 被忽视的能然和患病态迟疑的能然

在价值教育中，很多教师对"能然"的态度在某种意义上和康德相似，那就是"你能够，因为你应该"。虽然教育现实中的应然往往仅仅是外在的规范应然，根本还不是康德所说的"意志自律"，但是很多教师依然选择相信在规范应然和能然之间不存在距离。由此，教师热衷于为学生编制"规范应然"的鸟笼，认为只要有了细致的规范，学生就一定能正确地行为，这种思路往往忽视了学生的能然，忽视了学生天然的对肯定价值之能够实现的直接体验。当然还存在另一种情况，那就是虽然教师也不认为规范应然和能然之间不存在距离，但是他们找不到沟通两者的途径，从"免责"这个角度出发，他们也只好选择制定无微不至的规范，"我已经制定规范了，在课堂上我也反复强调了，做还是不做是学生自己的事情"。以上两种情况都造成现实的价值教育对能然的忽视。这两种情况在"学会宽容"这一课上我们都能看到。首先，在整堂课上我们难以看到对"能然"的强调。其次，在评课环节中，当评课教师问班主任"应该是否意味着能够实现"时，班主任诚恳地回答"应该并不直接意味着能够实现"，并解释说在一节课的时间里他难以架设起连通二者的桥梁，表示会在后续的课程中力图实现。由此可见班主任也意识到了单纯强调应然存在问题，但是如果没能看到学生天然的对肯定价值之能够实现的直接体验的不可或缺，没能看到价值应然和价值能然的互补关系，价值教育的意图怎样才能实现呢？

除此之外，在有些价值教育情境中我们也能看到对"能然"的强调，但是这个"能然"是基于联想心理学的理解。具体来说就是当我们面对一个新的情境时，首先考虑的是"我能做这个吗?""我之前做过类似的事情吗?"。如果之前有过类似的经历，那么我就可以基于对以往行为的再造而能够面对当下这个新的境遇。基于这种对"能然"的理解，价值教育中产生了构设价值情境的教学方法，让学生们身临其境地思考在这种情境中该怎么做，通过这种方式来增加学生的经验，增强学生日后处理真实的生活境遇的能力。实际上，这种方式确实是有效的。但是如果它仅仅把过往经验作为能然的来源，就同样阻断了能然和价值的天然联系，用舍勒的话说，这样的能然是患有病态迟疑的能然。因为能然本来是一种直接的价值体验，是不需要任何迟疑的，但是我们人为地强调过往经验的重要性，使得学生面对新的境遇时，总要经历理性的回忆和改造的迟疑，这在舍勒看来是病态的。

3. 本真价值缺位，学生无法产生对原初价值的体验

如上文所述，宽容教育中存在着的虚假的观念应然、过度的规范应然、被忽视的能然和患有病态迟疑的能然，它们共同的特点在于阻断了学生对于宽容这项价值的直接体验。理性的因果分析、过度的外在规范、应然等于能然的简单化思维和对过往的经验的强调遮蔽了原初性的价值。在宽容教育中难以找

到本真的宽容，看似是不可能存在的自我矛盾，但是这种现象确实在我们的教育现实中存在着。价值教育是有目的地促进学生的价值意识成长发展，养成完善人格的实践活动，价值教育能否让本真价值向学生显现，能否帮助学生产生对原初价值的直接体验，是关乎价值教育存在合法性的一个根本问题。如果在宽容教育的过程中，宽容被遗落了、丢失了，那我们用什么作为质料来帮助学生形成宽容意识呢？如果宽容教育仅仅让学生学会了"服从权威""谨慎地获取利益"和"理性的经验分析"等，而没有形成"宽容意识"，这样的教育还可以被称为宽容教育吗？

（二）宽容榜样教育维度的问题

在宽容教育中，教师和学生通常会寻找一些著名的人作为宽容的榜样。教学实例中的宽容主题演讲所呈现的就是这样的人物及其宽容事件和言行。但是这里的榜样教学中的榜样显然不具有舍勒所强调的内涵，它们往往被当成一个个具体的人，甚至被塑造成一个个"非常人"，被强调的往往是他们"非常"的成就和功绩。这人们体现了对榜样、榜样学习的惯常理解：榜样是某个具体的善的人，学习榜样就是模仿榜样人物的行为。这样的理解暗含以下三种偏向：经验性、工具性和表面化。这样的榜样无法向学生呈现一个直接的价值状况，也无法维持价值和应然之间的直接通道，简单来说，就是难以引起学生直接的宽容体验，缺乏对学生人格的吸引力，从而也难以引发学生的自由追随，反而让学生感到离自己的生活很远，遥不可及，从而仅仅被接纳为一个知识内容意义上的榜样，对学生自身的人格成长难以起到直接的作用。

1. 经验性

当教师说"请同学们以某某为榜样"时，这个"某某"往往是一个经验性的具体的人。这个人具体地存在于物理时空之中被我们经验到，比如某个宽容的同学、某个有着宽容品质的名人等。这些被当作榜样的人确实已经做出了或者正在做着令人钦佩的事情，但经验性的过往和当下具有偶然性，无法确保未来的必然。经验性的具体的人的过往的好和当下的好同样具有偶然性，无法确保未来一直好下去。人性复杂、生存际遇多变，即使是那些当下被当作榜样的人也不一定就是真正的榜样。有些人可能在公众面前刻意呈现善、隐藏恶，甚至表现出"分裂性的道德人格——'公开的道德'与'私下的败德'"①。经验性的榜样具有偶然性，且有可能是片面的，其中隐含榜样破灭的危机。典范主义德性理论试图给出一种应对此种危机的方式，"一旦通过实践观察发现，人们的钦佩之情与对象之间的'勾连（hook）'有误，人们就会撤回对典范的钦佩之情，此时钦佩的对象就不足以成为真正的典范了"②。但这并不能真正解决问题。尤其是对于年龄较小的儿童来说，虽然钦佩之情可以撤回，但他们经历了情感上的创伤和价值上的缺失，这容易导致

---

① 石中英：《"狼来了"道德故事原型的价值逻辑及其重构》，载《教育研究》，2009(9)。
② 叶方兴：《扎戈泽波斯基的典范主义德性理论》，载《哲学动态》，2016(6)。

他们陷入价值迷茫。

2. 工具性

将榜样理解为一个经验性的人使得榜样教育容易出现的第二种偏向是工具性。在宽容教育实践中，教育者往往有意识地将某个(些)人塑造成学生学习的榜样。这些榜样可能是教材中的经典人物，可能是社会上的行业模范，也可能是学生身边宽容的同学。教师每次开展榜样教育都会有具体的教育目标，为了更好达成具体的教育目标，教师可能对榜样形象进行一定程度的选择、塑造。选择、塑造一旦过度，这个由教师树立的榜样就容易异化为榜样教育的工具。在信息社会中，这种工具主义取向使榜样成为鲍德里亚(Jean Baudrillard)意义上"超真实(hyperréel)"的形象符号。这样的榜样就像价值教育领域中工具化的广告，表面看起来完美无瑕，实际上缺乏真实性和生命力。面对工具性的榜样，学习者成为被动的观看者。学习者可能因榜样过于完美而对其毫无兴趣，可能因榜样宣传太过频繁而心生麻木，也可能对超真实的榜样信以为真，但在真实生活中经受榜样分崩离析的打击。"超真实本身就只是纯粹的模拟物，拟像与真实本身的界限在超真实中被内爆了。"[①]榜样一旦成为超真实的工具性的形象符号，如果学生仅仅将其作为一个模拟物，那就不会真正相信也难以追随；如果学生信以为真，则在现实中难免失落受挫。

---

① 夏莹：《鲍德里亚的"hyper-"概念群及其对现代性理论的极限演绎》，载《世界哲学》，2017(6)。

3. 表面化

前述宽容榜样教育中的经验性、工具性两种偏向，在很大程度上导致榜样教育的表面化。如果将宽容榜样理解为某个具体的人，且这个榜样是教育者为了达成宽容教育目标而有意树立的，那么这个人之所以成为榜样的最直接的表现就是他有宽容的言行，学习榜样也就简化为模仿榜样人物的言行。这导致宽容榜样教育的表面化。有教育者依据班杜拉（Albert Bandura）的观察学习理论认为榜样学习的起点是观察认知榜样，过程是模仿榜样人物行为，并通过后续强化促成学习者的行为保持。按照这样的观点，榜样教育的关键是促成学习者对榜样人物行为的认知和模仿。但教育实践表明对榜样行为表面化的认知和模仿难以取得深层、长期的教育效果。首先，有了榜样观察认知，并不一定会有行为模仿。为数不少的榜样学习就止步于看影片、听报告、写感悟，并无后续模仿。其次，简单模仿榜样人物的具体行为难以真正促进学习者对于价值的深层体悟。榜样人物的具体言行是内在价值的外显形式，简单模仿外显形式，并不意味着真切拥有内在价值，也难以真正促成其宽容品质生成。最后，行为模仿需要强化，这不利于唤起学习者的积极主动性，难以取得深层、长期的教育效果。康德在《道德形而上学奠基》中对表面化模仿进行过严厉批判，"模仿在道德领域根本不成立，实例只是用作鼓励，……绝不给人以权利把它们存在于理性中的真正原型置之一旁，且按照实例行事"①。

第四节　完善宽容教育的可能途径

一、重视学生的宽容"应然""能然"体验

我们已经明确了舍勒对于"应然"与"能然"的理解，也看到了目前的宽容教育中存在这方面的问题，那么我们的宽容教育应该如何改进呢？

（一）变"规范"为"榜样"，促进"应然"的直接实现

前文已经谈到，目前的宽容教育中存在着虚假的观念应然和过度的规范应然，关于这个问题如何解决其实舍勒已经做出了非常有益的探索，那就是用"榜样"取代"规范"。"榜样"在舍勒那里有着特殊的含义，"榜样就其内涵而言是在人格统一之统一形式中的一个有结构的价值状况、一个在人格形式中的有结构的如此价值性"②，简单来说，榜样就是人格化的价值结构。用"榜样"来取代"规范"既维持了价值和应然之间的直接通道，又呈现了一个作为价值载体的人格，在这个人格中我们可以看到丰富且统一的价值。一个人格之所以能够成为榜样，是因为它彰显着一种价值状况的存在应然，它拥有一种吸引力，

---

① ［德］康德：《道德形而上学奠基》，杨云飞译，26页，北京，人民出版社，2013。

② ［德］马克斯·舍勒：《伦理学中的形式主义与质料的价值伦理学：一门伦理学人格主义奠基的新尝试》，倪梁康译，705页，北京，生活·读书·新知三联书店，2004。

这种吸引力能够被其他人格体验为"它使我有义务追随"。这种追随一定是在触及灵魂的"被吸引"和发自内心的爱中实现的。正是在这种满怀爱意的自由追随中，其他人格无限地接近榜样人格的价值状况。这种追随不是效仿榜样人格的具体行为，或者遵从榜样人格的只言片语，而是力争使自身的价值状况达到榜样人格的价值状况。

(二)化"忽视"为"敏感"，激发学生的"能然"体验

在前文中，我们看到舍勒从现象学的视角出发，认为"能然"和"应然"一样都是对价值的直接直观，它们是同样原初的，因此不能以任何的方式将一个回溯于另一个之上，这和康德将"能然"回溯到"应然"的观点非常不同。如果深入一步去追寻这两种不同观点的根源，我们则会发现其中一个非常重要的原因在于两者的人性假设不同，康德理论的逻辑起点是"人作为有限的理性存在者"，并且相信"理性最终能够制服感性，人能够超越应然与能够之间的距离"。① 而舍勒认为人的理性和感性并不相互对立冲突，而且也无法将理性和感性相分离，人原本就是理性和感性的融合体，所以应然和能然同样原初。在教育中我们面对的学生都是处在生活世界中的灵动的、活泼的、丰富的、正在成长中的、不断完善着的人，他们拥有如此丰富细腻的情感、拥有如此活力涌动的生命，使我们不能仅仅将他们看成一个又一个理性的存在者，更不能把教育的意义仅仅定位于

---

① 白文君：《奥古斯丁和康德论应该与能够的关系》，载《社会科学论坛(学术研究卷)》，2009(11)。

引导学生用理性来支配情感。我们更愿意接纳最本真的作为理性和感性之统一的学生，更愿意在最开始就承认学生天然的富有情感地体验世界的能力，对于价值教育来说，那就是承认学生天然的体验价值的能力。

直接的对肯定价值能够实现的意识和体验其实是每一个人都拥有的，正在哭闹的婴儿看到妈妈的脸停止了哭闹；幼儿园大班的小朋友悄悄地画了一张爸爸的肖像作为父亲节礼物，虽然保守秘密对他来说真不是一件容易的事情，但他还是想到了那天再把礼物送给爸爸。这些都是日常生活中的场景。婴儿停止哭闹是因为直接体验到有妈妈在，"安全舒适"这个肯定的价值能够实现；小朋友努力保守秘密是因为体验到"表达对爸爸的爱"这个肯定的价值在父亲节那天能够实现。在我们的生活中，能然处处存在着，伴随着能然的丰富的情绪体验也处处存在着。即使没有学校价值教育，儿童也在日常生活中体验着价值能然，也在这种体验的积累中逐渐形成价值意识。当然，由于儿童正处在成长阶段，对于自身所具备的一些潜能也尚未觉察，所以激发学生的"能然"体验是教师的重要职责。舍勒指出"教育家们曾合理地强调：人们必须注意提升学生的能然意识。并且可以说是使它服从于一个独立的教化。一个人身上的许多力量或许在沉睡着，它们之所以从未得以实现，只是因为他不具有正当的能然意识，不具有他的意愿力的意识"[①]。这就凸显

---

① ［德］马克斯·舍勒：《伦理学中的形式主义与质料的价值伦理学：一门伦理学人格主义奠基的新尝试》，倪梁康译，283 页，北京，生活·读书·新知三联书店，2004。

出学校教育的重要性，学校作为专门的教育机构，其主旨不是使儿童和原本的生活形态分离，而是通过更加专业化的方式，以生活的形态来帮助儿童更好地成长。对学校宽容教育来说，教师不能忽视儿童原本就有的对于宽容的能然体验，也不能用理性分析取代直接体验，因为这都将使儿童在学校中无法体会到自己曾经拥有过的对于宽容能然的喜悦，致使学校所教的宽容难以融入他们的意识。

如果教师能够意识到"能然"体验的原初存在，并且意识到它在形成学生宽容意识中的重要作用，并在教育实践中敏感地捕捉到学生的能然体验，给予赞许和鼓励，进而帮助学生形成对宽容的能然体验，提升学生的能然意识，并和学生一起分享伴随宽容能然而来的喜悦，那么我们的学生将不再被动地服从规范和机械地回忆经验，而是在原初的能然体验中，在教师的赞许和鼓励中，形成更加深刻的宽容意识。

（三）兼"应然"顾"能然"，促进学生宽容品质的发展

如果把学生的宽容品质的成长比喻成一个"力"，那么宽容应然相当于这个"力"的方向，而宽容能然就相当于这个"力"的大小。对于一个"力"来说，方向和大小是同等重要的，不能把一个回溯到另一个，但是这两者又是不可分离的，缺少了任何一个，这个"力"就失去了意义。对于学生的宽容品质成长来说应然和能然也是同等的，不能把一个回溯到另一个，同时这两者又是相互依赖的，缺少了任何一个，学生都无法实现真正完

整的宽容体验。舍勒把"人格"看作价值的载体，个体的每一次的价值成长都会汇集形成个体的人格，对于学生来说，价值成长的过程就是人格发展的过程，由于善是没有止境的，所以价值的成长和人格的发展也是没有止境的。如果在宽容教育中，我们能够既重视学生对观念应然的体验，又重视学生的能然体验，在这两个基本的宽容体验维度上共同努力，那将会更加有效地促进学生宽容品质的形成，促进学生人格的发展。

二、促进学生对宽容榜样的追随

上文已经提到用"榜样"取代"规范"可以促进宽容应然的实现，但目前的宽容榜样教育存在诸多问题，接下来我们具体分析如何改进宽容榜样教育。

(一)避免经验性偏向，厘清榜样与范本关系

为了避免宽容榜样教育中的经验性偏向，教师需要对宽容榜样和宽容范本进行区分并厘清二者的关系。榜样是一种体现着价值应然存在要求的统一的人格形式，而范本是或多或少体现这种人格形式的具体的实际的人。从自然的经历来说，我们好像先遇到的是实际的人。但如果进行现象学反思，"究竟是什么使得你将这个人而不是另外的人当作范本?"，我们就会发现榜样之于范本有先行奠基的地位。我们先在伦常明察中拥有榜样意识，才可能在实际的人中间认出一个范本。二者的关系可以表述为榜样为范本奠基，范本是榜样的例证。榜样从来不会固着在某个范本上。虽然某时某刻我们可以在某个实际的人

那里与它相遇，那是因为范本也正在追随它。一旦范本不再追随了，或者范本消亡了，榜样并无丝毫损毁。教师需要通过教育实践帮助学生理解我们所追随的不是任何一个实际的经验性的人，而是具有永恒性的榜样人格。有了这种理解，就可以避免学生遭受由范本破灭而带来的价值失信和价值迷茫。

对宽容榜样和范本进行区分，并不意味着在榜样教育中只需强调宽容榜样，范本无足轻重，而是为了以更恰当的方式更好地发挥范本的作用。宽容范本以真实鲜活的具体的人的形象体现宽容品质、宽容人格的可能，可以对学习者起到激发和鼓励作用。但榜样教育实践中教师为学生选择某个具体范本人物的通常做法却有可能适得其反。原因在于教师所选择的宽容范本并不一定符合学生所爱的榜样人格，所以学生并不一定认可这些范本。学生也有可能因为不喜欢某位教师，也就连带不认可他所选择的范本。甚至有可能因教师所选择的范本暴露了学生的弱点，引发学生对范本的憎恨。① 为了避免这些问题，教师可减少直接为学生选择具体实名范本的比例，转而鼓励学生个体或者小组依据所爱的宽容榜样自行选择范本人物，并从自行选择的范本身上体悟宽容榜样的人格魅力。如果在某些情况下确实需要教师为学生选择范本，教师可以推荐一组范本或推荐匿名范本，这些方式重在彰显范本所体现的宽容榜样人格而淡化究竟是哪个具体的人，可以在一定程度上避免前述问题。

---

① 李秋零：《康德著作全集：注释本．第6卷，纯然理性界限内的宗教 道德形而上学》，490页，北京，中国人民大学出版社，2007。

（二）摒弃工具性偏向，关注榜样的原发生成

教师在宽容榜样教育实践中需摒弃工具性倾向，不能将榜样仅仅视为达成教育目标的工具，更不能人为地将榜样包装成"超真实"的符号。榜样作为一种体现价值应然的原发动态生成的人格形式从根本上说不能外在被给予，只能通过伦常明察内在被给予、被追随。

教师需意识到榜样的原发地位并关注其原发生成。"榜样原则处处都作为在伦常世界中的所有变化的原发手段"[①]，"伦常人格原发地（并且先于所有规定作用性和教育）始终只会再被一个人格或一个人格的观念放置到对它们的改造运动中"[②]。严格来说，并不是教育内容中的某项具体价值引发了学生的人格成长，学生的人格成长只能受人格影响，被人格引领。榜样是一种体现价值应然的人格形式，榜样拥有影响和引领人格成长的原发能量。对于个体的价值成长来说，榜样在本质上比道德律令、原则规范、劝解说教更为原初。当面对这些外在的价值内容时，无论我们是否意识到，其实正是榜样人格作为潜在背景参与构成着我们具体的爱恨态度。道德律令和原则规范具有外在对象化的特点，它们最先是作为认识的外在对象出现在我们面前的；劝解说教一旦表现为语言，在某种程度上也固化了。但榜样作为一种人格形式，其显著特征是非对象化和未完成性，它始终朝着明见性的价值应然存在所要求的方向动态生

---

①②　[德]马克斯·舍勒：《伦理学中的形式主义与质料的价值伦理学：一门伦理学人格主义奠基的新尝试》，倪梁康译，561页，北京，生活·读书·新知三联书店，2004。

成。当教师理解了榜样的原发地位和生成状态，则会随之理解
这个意义上的榜样无法被当作达成教育目标的工具。

在教育实践中切实避免工具性偏向可以尝试的做法首先是
教师不再将宽容榜样作为价值教育的工具，也不再将榜样学习
看作仅是学生的事情，而是教师也意识到自己人格的未完成
性、体悟榜样的吸引力并与学生一同追随榜样。其次教师可以
引领学生对价值学习过程进行反思和还原，回溯自己对道德律
令、原则规范、劝解说教等价值教育内容的态度构成过程，找
寻处于基底的榜样支撑。

(三)纠正表面化偏向，在爱中实现榜样追随

宽容榜样学习中的表面化模仿，实际是对具体范本人物外
在行为的模仿，这难以真正促成学习者内在宽容品质的生成。
教师需纠正榜样教育的表面化偏向，着力于榜样教育的内在机
制，促成学生榜样追随中的宽容品质生成。

榜样追随的前提和动力是对宽容榜样的热爱，教师首先要
做的是唤醒学生对榜样的爱。"在人是思之在者或意愿之在者
之前，他就已是爱之在者。"①虽然"爱"是人之为人的原行为、
原状态，但对于年龄较小的孩子来说，他的爱的潜能需要被激
活；对于陷入伦常欺罔中的人来说，他对榜样的爱需要被唤
醒。洞穴隐喻中柏拉图期待学习者能够发生灵魂转向，榜样教
育中教师要做的是引导学生实现爱的转向，帮助学生将爱的目

---

① [德]马克斯·舍勒：《爱的秩序》，孙周兴等译，105 页，北京，北京师范大学出
版社，2014。

光从影绰模糊、错乱虚幻的价值失序中收回，转望向承载价值应然存在状况的榜样。唤醒学生对榜样的爱，不是教师要求学生去爱，而是构建让学生爱上榜样的教育时机，让学生在教育情境中感受到宽容榜样的魅力和吸引力，不由自主地去爱。当学生爱上榜样，教师接下来要做的是与学生在互爱同行中一起追随宽容榜样。值得注意的是，在榜样教育中并非只有学生是榜样追随者，其实教师也是。人格性的价值品质是非现成的，它借助于时机，总是在动态地自身增殖、自身生成。对于未成年的学生来说，他们的价值品质正在生成；对于教师来说，他们的价值品质依然经历着生成。在榜样教育中，教师和学生不是教与学的关系，而应成为追随榜样的同路人。师生不仅是同路者，而且是"互爱"的同路者。源于真挚师爱，教师有先行的愿望，他们先行在追随榜样的途中，并成为范本，展示榜样的可爱、演绎榜样的吸引和召唤。既感受到榜样的吸引，又加之对老师的爱，学生更容易步入榜样追随之路。在爱中追随榜样，是虔诚地接受一份"'去成为'的邀请"[1]，在爱中亲历宽容榜样之爱的秩序，而非简单模仿。教师引领学生一起接受这份邀请，自由自主地在爱中直观宽容榜样的价值秩序，并与榜样一同去爱、去恨。这样的追随"不会导致丧失人格自我，反倒是在与异己人格的一同、追复和预先进行中成就自身人格"[2]。

---

①　[美]施泰因博克：《通过榜样性的人格间的注意》，转引自倪梁康等：《中国现象学与哲学评论（第七辑）：现象学与伦理》，326页，上海，上海译文出版社，2005。

②　张祥龙：《舍勒伦理学与儒家的关系——价值感受、爱的秩序和共同体》，载《世界哲学》，2018(3)。

　　历史告诉我们嫉妒、怨恨、仇视、冲突只会成为人类文明发展的桎梏，和而不同、和而以进才能引领我们共同追求和平幸福，共同创造文明辉煌。宽容是现代人融入人类历史文化潮流的重要价值品质。通过宽容教育来培养具有宽容品质的人，是现代教育的重要使命。若干年后，期待有另一本题为《宽容》的著作诞生。在书中房龙的期望变成了现实，人类真的进入了宽容的时代。真心希望我们现在的每一个人，尤其我们现在的教育者，都是将来那本著作的贡献者。

参考文献

一、中文文献

[1]马克斯·范梅南，[荷]巴斯·莱维林. 儿童的秘密——秘密、隐私和自我的重新认识[M]. 陈慧黠，曹赛先，译. 北京：教育科学出版社，2004.

[2]洛克. 论宗教宽容[M]. 吴云贵，译. 北京：商务印书馆，2017.

[3]伏尔泰. 论宽容[M]. 蔡鸿滨，译. 广州：花城出版社，2007.

[4]亨德里克·威廉·房龙. 宽容[M]. 李暮，译. 上海：上海三联书店，2008.

[5]杰弗里·穆萨耶夫·马松. 动物老友记：向它们学习宽容和友爱[M]. 盛宇佳，译. 上海：上海人民出版社，2010.

[6]迈克尔·沃尔泽. 论宽容[M]. 袁建华，译. 上海：上海人民出版社，2000.

[7]曹础基. 庄子浅著[M]. 北京：中华书局，2000.

[8]张觉. 荀子译注[M]. 上海：上海古籍出版社，2012.

[9]贺来. 宽容意识[M]. 长春：吉林教育出版社，2001.

[10]金妹. 宽容与超越[M]. 北京：颂雅风文化艺术中心，2009.

[11]杨小明，李强，李斌. 科学与宽容[M]. 上海：上海人民出版社，2011.

[12]玛莎·努斯鲍姆. 告别功利：人文教育忧思录[M]. 肖聿，译. 北京：

新华出版社，2010.

　　[13]马克斯·范梅南. 生活体验研究：人文科学视野中的教育学[M]. 宋广文等，译. 北京：教育科学出版社，2003.

　　[14]倪梁康. 胡塞尔现象学概念通释(修订版)[M]. 北京：生活·读书·新知三联书店，1999.

　　[15]崔仲平. 老子道德经译注[M]. 哈尔滨：黑龙江人民出版社，2003.

　　[16]杨伯峻. 孟子译注[M]. 北京：中华书局，1960.

　　[17]胡塞尔. 纯粹现象学通论 纯粹现象学和现象学哲学的观念(第一卷)[M]. 李幼蒸，译. 北京：商务印书馆，2004.

　　[18]黑格尔. 精神哲学[M]. 杨祖陶，译. 北京：人民出版社，2006.

　　[19]张任之. 质料先天与人格生成——对舍勒现象学的质料价值伦理学的重构[M]. 北京：商务印书馆，2014.

　　[20]莫里斯·梅洛-庞蒂. 知觉现象学[M]. 姜志辉，译. 北京：商务印书馆，2005.

　　[21]舍勒. 舍勒选集[M]. 刘小枫等，译. 上海：上海三联书店，1999.

　　[22]亚当·斯密. 道德情操论[M]. 王秀莉，译. 上海：上海三联书店，2011.

　　[23]倪梁康. 心的秩序——一种现象学心学研究的可能性[M]. 南京：江苏人民出版社，2010.

　　[24]杨伯峻. 论语译注[M]. 北京：中华书局，1980.

　　[25]约翰·穆勒. 功利主义[M]. 徐大建，译. 上海：上海人民出版社，2008.

　　[26]边沁. 道德与立法原理导论[M]. 时殷弘，译. 北京：商务印书馆，2000.

　　[27]马克斯·舍勒. 伦理学中的形式主义与质料的价值伦理学：为一门伦

理学人格主义奠基的新尝试[M]. 倪梁康，译. 北京：生活·读书·新知三联书店，2004.

[28]康德. 实践理性批判[M]. 关文运，译. 北京：商务印书馆，1960.

[29]胡塞尔. 欧洲科学的危机与超越论的现象学[M]. 王炳文，译. 北京：商务印书馆，2001.

[30]方迪启. 价值是什么？——价值学导论[M]. 黄藿，译. 台北：联经出版事业股份有限公司，1984.

[31]冯平. 现代西方价值哲学经典·先验主义路向[M]. 北京：北京师范大学出版社，2009.

[32]赵汀阳. 论可能生活[M]. 北京：生活·读书·新知三联书店，1994.

[33]海德格尔. 通向语言的途中[M]. 孙周兴，译. 北京：商务印书馆，2005.

[34]胡塞尔. 现象学的方法[M]. 倪梁康，译. 上海：上海译文出版社，1994.

[35]亚里士多德. 尼各马可伦理学[M]. 廖申白，译. 北京：商务印书馆，2003.

[36]哈耶克. 通往奴役之路[M]. 王明毅等，译. 北京：中国社会科学出版社，1997.

[37]冯亚东. 平等、自由与中西文明：兼谈自然法[M]. 北京：法律出版社，2002.

[38]哈耶克. 自由宪章[M]. 杨玉生等，译. 北京：中国社会科学出版社，1999.

[39]卢梭. 社会契约论[M]. 何兆武，译. 北京：商务印书馆，1980.

[40]皮埃尔·勒鲁. 论平等[M]. 王允道，译. 北京：商务印书馆，1988.

[41]摩狄曼·J. 阿德勒. 六大观念：真、善、美、自由、平等、正义[M]. 陈

珠泉，杨建国，译. 北京：团结出版社，1989.

　　[42]孟德斯鸠. 论法的精神[M]. 孙立坚等，译. 西安：陕西人民出版社，2001.

　　[43]罗素. 自由之路[M]. 李国山等，译. 北京：文化艺术出版社，1998.

　　[44]亚里士多德. 政治学[M]. 吴寿彭，译. 北京：商务印书馆，1965.

　　[45]霍布斯. 利维坦[M]. 黎思复，黎廷弼，译. 北京：商务印书馆，1985.

　　[46]洛克. 政府论(下)[M]. 叶启芳等，译. 北京：商务印书馆，1964.

　　[47]安东尼·阿巴拉斯特. 西方自由主义的兴衰[M]. 曹海军，译. 长春：吉林人民出版社，2004.

　　[48]李振. 社会宽容论[M]. 北京：社会科学文献出版社，2009.

　　[49]俞思念. 文化与宽容[M]. 北京：社会科学文献出版社，2009.

　　[50]李树英. 教育现象学：一门新型的教育学——访教育现象学国际大师马克斯·范梅南教授[J]. 开放教育研究，2005(3)：4—7.

　　[51]李美辉. 自我意识在西方哲学史上的发展历程[J]. 北方论丛，2005(4)：130—133.

　　[52]周晓亮. 自我意识、心身关系、人与机器——试论笛卡尔的心灵哲学思想[J]. 自然辩证法通讯，2005(4)：46—52.

　　[53]张任之. 爱与同情感——舍勒思想中的奠基关系[J]. 浙江学刊，2003(3)：28—33.

　　[54]黄裕生. 情感何以是有序的？——续论马克斯·舍勒的"质料的价值伦理学"基础[J]. 宗教与哲学，2013(2)：74—120.

　　[55]石中英. 社会同情与公民形成[J]. 北京师范大学学报(社会科学版)，2012(2)：5—11.

　　[56]石中英. "狼来了"道德故事原型的价值逻辑及其重构[J]. 教育研究，2009，30(9)：17—25.

[57]王海明. 功利主义与义务论辩难[J]. 社会科学，2003(12)：75－83.

[58]石中英. 全球化时代的教师同情心及其培育[J]. 教育研究，2010，31(9)：52－59.

[59]黄圣周. 中国文化中的容忍思想[J]. 咸宁学院学报，2006(4)：41－44.

[60]石中英. 关于当前我国中小学价值教育几个问题的思考[J]. 人民教育，2010(8)：6－11.

[61]孙周兴. 我们如何得体地描述生活世界——早期海德格尔与意向性问题[J]. 学术月刊，2006(6)：53－56.

[62]朱松峰. 狄尔泰为海德格尔"指示"了什么——关于生活体验问题[J]. 江苏社会科学，2006(3)：31－36.

[63]孙俊三. 从经验的积累到生命的体验——论教学过程审美模式的构建[J]. 教育研究，2001(2)：34－38.

[64]莫妮克·坎托-斯佩伯. 我们能宽容到什么程度[J]. 钟良明，译. 第欧根尼，1999(1)：80－92.

[65]吉兰·瓦特洛. 人权与宽容的命运[J]. 新慰，译. 第欧根尼，1998(1)：92－107.

[66]阿洛伊瑟·雷蒙·恩迪亚耶. 宗教、信仰与宽容[J]. 陆象淦，译. 第欧根尼，2010(2)：20－34.

[67]保罗·利科. 宽容的销蚀和不宽容的抵制[J]. 费杰，译. 第欧根尼，1999(1)：107－117.

[68]伯纳德·威廉斯. 宽容是政治问题还是道德问题[J]. 元亨，译. 第欧根尼，1998(2)：32－43.

[69]安托万·加拉蓬. 法律和宽容的新语言[J]. 冯晔，译. 第欧根尼，1998(2)：44－59.

[70]让娜·赫施. 宽容：在意志自由与真理之间[J]. 黄育馥，译. 第欧根尼，1998(1)：70—74.

[71]约安娜·库茨拉底. 论宽容和宽容的限度[J]. 黄育馥，译. 第欧根尼，1998(2)：22—31.

[72]汉斯·孔. 全球道德准则与宽容教育[J]. 黄育馥，译. 第欧根尼，1998(1)：75—91.

[73]张祥龙. 舍勒伦理学与儒家的关系——价值感受、爱的秩序和共同体[J]. 世界哲学，2018(3)：74—87.

[74]邓晓芒. 黑格尔《精神现象学》中的自我意识溯源[J]. 哲学研究，2011(8)：70—76.

二、英文文献

[1]VAN MANEN M，LEVERING B，Childhood's secrets：intimacy，privacy，and the self reconsidered[M]. New York：Teachers College Press，1996.

[2]VAN MANEN M，Researching lived experience：human science for anaction sensitive pedagogy[M]. Ontario：The Althouse Press，1997.

[3]RATHS L，HARMIN M，SIMON S，Values and teaching：working with valuesin the classroom [M]. Columbus，Ohio：Charles E. Merrill Books，1966.

[4] FRAENKELJ R，How to teach about values：an analytic approach[M]. Upper Saddle River，NJ：Prentice—Hall，1977.

[5]BECK C，Better schools：avalues perspective[M]. New York：The Falmer Press，1990.

[6] FARRER F，A quiet revolution：encouraging and sharing positive values with children[M]. UK：Rider，2005.

[7]DILTHEY W，Introduction to the human sciences[M]. Wayne State U-

niversity Press, 1989.

[8]HALSTEAD J M, Values and values education in schools, values in education and education in values[M]. New York: The Falmer Press, 1996.

[9]DUNLOP F, Democratic values and the foundations of political education, values in education and education in values[M]. New York: The Falmer Press, 1996.

[10]CARR D, Educational values and values education: some recent work [J]. British Journal of Sociology of Education, 1997, 18(1): 133—141.

[11]MOORE M, Teaching loyalty within amoral education[J]. Phenomenology+Pedagogy, 1944, 1(3): 312—318.

[12]KIROVA A, A game—playing approach to interviewing children about-loneliness: eegotiating meaning, distributing power, and establishingtrust[J]. The Alberta Journal of Educational Research, 2006, 52(3): 127—147.

[13]KIROVA A, Lonely or bored: children's lived experiences revealthe difference[J]. Interchange, 2004, 35(2): 243—268.

[14]ELLIS J, Researching children's experience hermeneutically and holistically[J]. TheAlberta Journal of Educational Research. 2006, 52(3): 111—126.

致　谢

　　2013 年的五月我心怀忐忑完成了博士论文的写作。还记得写"致谢"的那个凌晨，看着屏幕上"致谢"两个字，脑海被一幕幕的回忆充满，心中有太多的感谢，彼时却无语凝噎……

　　十年来，我成为老师，成为妈妈。随着身份的变化，教育实践的不断丰富，我对教育的理解也不断深入。儿童的宽容体验与宽容教育一直在我心头，这些理解自然都被陆续写进了书稿当中。十年后的这个五月，基于博士论文的拙著即将付梓。此时，没有十年前那般忐忑，多了几分淡定与从容。但是这个"致谢"依然难写，因为脑海中的回忆更多，心中的感激更甚。

　　感谢我的博士导师石中英教授。谢谢老师一直以来对我的信任、关心、教导和支持。无法忘记在入学之前，老师就对我博士期间的研究方向给出了建议；无法忘记老师身在海外还帮我收集研究资料，鼓励我大胆开展研究不要胆怯；无法忘记在博士论文答辩会上老师说女大不中留，希望我在工作实践中快速成长。毕业前曾经因为要离开老师而伤感，毕业后才发现其实从未离开。求学三年，毕业十年，老师的言传身教已融入我心，时刻教导我如何为学，如何为师，如何为人。

感谢我的硕士导师宁虹教授。谢谢宁老师引导我进入现象学教育学的大门。谢谢宁老师让我坚定了做知行合一之学、为言行一致之师，为教育和教育学的发展尽一份力量的理想。谢谢宁老师一直关心并指导我对儿童宽容体验的研究并参加我的博士论文答辩。答辩完成时，我站在宁老师和石老师中间，那是我学生生涯中深感温暖和荣耀的时刻。那个时刻烙在我的脑海中，给我无穷的勇气和动力。

感谢我在加拿大阿尔伯塔大学访学期间的导师安娜·基洛娃教授。她严谨的学术态度和对学生的认真负责给了我深深的触动。感谢马克斯·范梅南教授和凯瑟琳·艾德姆教授。他们的"现象学研究与写作"课程让我系统掌握了现象学教育学的方法论。因为有了坚实的方法论基础，儿童宽容体验的研究才能完成。

感谢朱晓宏教授和蔡春教授，他们在我求学的道路上给予我无微不至的关心、指导和帮助。感谢康永久教授、檀传宝教授和朱旭东教授，他们的课让我印象深刻，他们的建议让我在论文写作和后续的修改过程中受益良多。

感谢北京师范大学出版集团教师教育分社郭兴举社长，感谢鲍红玉编辑。感谢出版社的老师为此书出版付出每一分辛劳。

感谢即将看到这本书的读者朋友们。如果书中的内容能够引发您的共鸣，那将是我最开心的事情。受研究能力所限，书中难免存在错误，请各位朋友不吝斧正。

　　最后，感谢我的家人和挚友，我知道你们一直是我坚强的后盾和永远的港湾，谢谢你们一直以来的爱和陪伴。我仿佛看到了你们翻开书时欣喜的笑脸，那是让我感到幸福的笑脸。

孙瑞玉

2023 年 5 月 20 日

图书在版编目(CIP)数据

儿童的宽容体验与宽容教育 / 孙瑞玉著. —北京:北京师范大学
出版社,2023.10
(当代中国价值教育研究)
ISBN 978-7-303-27749-0

Ⅰ.①儿… Ⅱ.①孙… Ⅲ.①儿童教育－教育研究
Ⅳ.①G61

中国版本图书馆 CIP 数据核字(2022)第 013833 号

图 书 意 见 反 馈　gaozhifk@bnupg.com　010-58805079
营 销 中 心 电 话　010-58802755　58800035
北师大出版社教师教育分社微信公众号　京师教师教育

ERTONG DE KUANRONG TIYAN YU KUANRONG JIAOYU
出版发行:北京师范大学出版社　www.bnupg.com
　　　　北京市西城区新街口外大街 12-3 号
　　　　邮政编码:100088
印　　刷:北京盛通印刷股份有限公司
经　　销:全国新华书店
开　　本:710 mm×1000 mm　1/16
印　　张:17.75
字　　数:173 千字
版　　次:2023 年 10 月第 1 版
印　　次:2023 年 10 月第 1 次印刷
定　　价:68.00 元

策划编辑:郭兴举　鲍红玉　　　责任编辑:王思琪
美术编辑:陈　涛　焦　丽　　　装帧设计:陈　涛　焦　丽
责仟校对:包冀萌　　　　　　　责任印制:马　洁　赵　龙